航天科工出版基金资助出版

砥砺前行的航天人

（第一辑）

中国航天科工集团有限公司　编

中国宇航出版社
·北 京·

图书在版编目（CIP）数据

砥砺前行的航天人. 第一辑 / 中国航天科工集团有限公司编. --北京：中国宇航出版社，2017.11

ISBN 978-7-5159-1398-8

Ⅰ.①砥…　Ⅱ.①中…　Ⅲ.①航天科技－工程技术人员－生平事迹－中国－现代　Ⅳ.①K826.16

中国版本图书馆 CIP 数据核字（2017）第 267380 号

责任编辑　侯丽平　　　**封面设计**　宇星文化

出　版
发　行　中国宇航出版社

社　址　北京市阜成路 8 号　　**邮　编**　100830
　　　　(010)60286808　　　　(010)68768548
网　址　www.caphbook.com
经　销　新华书店
发行部　(010)60286888　　　(010)68371900
　　　　(010)60286887　　　(010)60286804(传真)
零售店　读者服务部
　　　　(010)68371105
承　印　北京画中画印刷有限公司
版　次　2017 年 11 月第 1 版　　2017 年 11 月第 1 次印刷
规　格　787×960　　　　**开　本**　1/16
印　张　11.25　　　　　**字　数**　214 千字
书　号　ISBN 978-7-5159-1398-8
定　价　38.00 元

本书如有印装质量问题，可与发行部联系调换

《砥砺前行的航天人》
编委会名单

序　言

中国航天事业自1956年创建至今，已经走过了61年的辉煌历程，发生了惊天动地的沧桑巨变：从无到有，从小到大，从学习模仿到自主研发，从单一装备到体系完备，从国之干城到民之卫士，逐步创建并探索出一条符合中国实际、具有中国特色的发展道路。

承载着61年的积淀、经过了18年的历练，中国航天科工集团有限公司作为战略性、高科技、国家级创新企业，始终牢记“科技强军、航天报国”使命，坚持服务国家发展战略、服务国防建设、服务国计民生，以技术创新、商业模式创新和管理创新谋求转型升级，构建了完整的防务装备技术开发与研制生产体系，为我国国防现代化建设做出突出贡献的同时，积极投身于国民经济主战场，在商业航天、工业互联网、智慧产业等领域，取得了一系列重大成果，企业综合实力不断提升，为早日建成国际一流航天防务公司奠定了坚实基础。这些成绩的取得，得益于党中央、国务院、中央军委的正确领导，得益于全国人民的鼎力支持，得益于全体干部员工的不懈奋斗。

2017年，中国航天科工集团有限公司在“世界500强”排行榜中位列第355位，在“中国企业500强”中位列第80位，在“中国500最具价值品牌”榜单中位列第46位，在“中国制造业500强”榜单中位列第27位。

355、80、46、27，这些数字的背后，是15万航天科工员工的智慧、激情、创新、汗水和日日夜夜的付出，这背后的故事应当走进我们心间，成为共同的记忆。

因此，中国航天科工集团有限公司决定，陆续集结出版《砥砺前行的航天人》，收集1999年公司成立以来各类报刊公开报道过的一线人员的事迹，忠实记录一代代航天人接续奋斗的深深足迹。

岁月铭刻着奋斗的艰辛，历史映射出精神的光芒。透过一个个先进模范攻坚克难的真实故事，我们不仅可以看到航天科工积极投身改革创新的火热实践，还能感受到一线人员朝气蓬勃、奋发向上的精神风貌，更能体会那股“不服输、敢创新，顾大局、讲协同，重实干、比贡献”的精神禀赋。

梦在前方，路在脚下。推开新时代的大门，建成国际一流航天防务公司的美好未来在激励我们奋斗。中国特色社会主义进入新时代，航天科工就要有新气象、新作为，奋力走好新时代的长征路。历史只会眷顾坚定者、奋进者、搏击者，而不会等待一切犹豫者、懈怠者、畏难者。希望此书能激励更多航天员工不忘初心、牢记使命，在追寻强国梦、航天梦的生动实践中放飞人生梦想，在不懈奋斗中书写人生华章，在星辰大海的见证下，携手向着“探索浩瀚宇宙，发展航天事业，建设航天强国”奋勇进发……

目　录

山高人为峰

——记集团数控技能竞赛数控车工第一名邹峰 …………… 1

市场之星——朱克信 …………………………………… 4

黄瑞松：劈波惊巨澜 …………………………………… 7

为铸“神剑”攀高峰

——记〇六六基地某型号主任设计师储广峰 ………… 15

攻关能手曹铭晖 ………………………………………… 21

李伯虎：翩翩儒将风 …………………………………… 24

于本水：空天放歌行 …………………………………… 30

空间电子学家黄培康：目标永不消失 ………………… 38

扬帆劈波朝前走　创新路上写青春

——记〇六六基地红阳厂青年钳工、特级技师杨波 ……… 42

赵殿礼：固体助推人生动力 …………………………… 49

刘兴洲：学者本色平常心 ……………………………… 57

毕生精力献国防

——记国防科技工业技术能手毕国政 ………………… 64

沈忠芳：前方总有好风景 ……………………………… 69

蔡淑华：坚定的信念锻就壮丽人生 …………………… 76

杨永江：广厦丰碑 ……………………………………… 83

吴北生：一生无悔弹道美丽 …………………………… 86
险峰技工“徐一刀” ………………………………… 94
巩鹏：敢将铁杵磨成针 ……………………………… 99
马杰：在耕耘中体验幸福 …………………………… 108
屈晓光：面对不期而至的人生转折 ………………… 117
戴天方：喜欢在数控一线干活 ……………………… 120
刘红光：焊花照亮求索之路 ………………………… 130
朱宇：赤子之心报国情怀 …………………………… 137
胡保朝：朴实无华驯火者 …………………………… 145
“车”出精品献航天
——记电子科技公司孔祥斌 ………………………… 154
与砂共舞三十年
——记中国航天科工集团风华机器厂铸造特级技师
毛腊生 …………………………………………… 160
责任成就梦想
——记全国技术能手、无线电装配工刘建波 ……… 163
杨宝奎：倚天铸剑破穹苍 …………………………… 166

山高人为峰

——记集团数控技能竞赛数控车工第一名邹峰

胡晓娟

5 月 28 日，集团数控技能竞赛成绩揭晓：红林厂机加车间工人邹峰不仅与队友们夺得数控团体赛第一名，而且还获得数控车工个人第一名。

这一成绩的取得，绝非偶然。

“学”字为先

在红林厂机加车间，邹峰爱学习是众所周知的。作为车间技术骨干，需要经常解决技术难题，多学、多看、多钻研便成为他的一种习惯。他看的书面多而广，专业性强，有数控工艺方面的，有QC 攻关方面的，也有液压系统、机床维修、金属材料方面的，厚厚的刀具手册更是他经常研究的对象。上班得空了，拿本书就可以

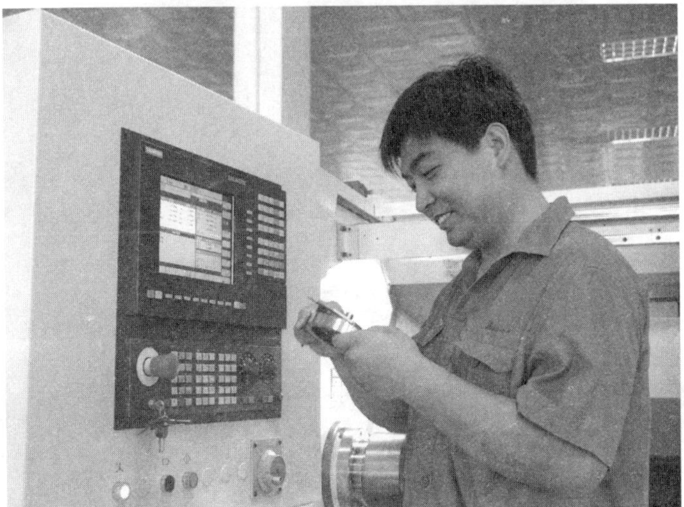

钻研一会儿；下班回家了，捧起专业书又可以学上一阵；偶尔出趟差，什么都可以不买，实用的专业书籍却是不可放过的“淘宝对象”。

因为好学，邹峰不仅成为数控操作的多面手，会操作“法那克”、“海登海”、“西门子”等多个数控系统，而且还是同事眼里的“活刀谱”，选刀、用刀、配参数，他不用查刀具手册，一说一个准。

“细”字为头

邹峰干活“细”在车间也是出了名的。每次加工新零件，他都要充分准备，从图纸到工艺、从程序到刀具，细心检查，认真核对，准备的时间虽然长，可干起活来却是又快又好，往往能提前完成任务。

一次，加工风洞试验零件，零件精度很高，加工难度非常大，工件的一点颤动、刀具的一点磨损都可能使零件超差。操作者必须对机床性能十分熟悉，刀具选择要非常准确。由于机床各部件之间存在着热胀冷缩，随着加工的进行，机床的变形会增加，直接影响到加工零件的精度。邹峰细心地摸索，仔细寻找、总结规律，准确计算出机床形变的刀具补偿值，顺利完成了高精度零件的加工任务。

“新”字为首

邹峰对产品的加工方法从不墨守成规，总是动脑筋，想办法，采用逆向思维方式，优化编程，寻找加工捷径，力求快、好、省地完成加工任务。

在某零件薄壁加工中，由于内孔变形大、粗糙度值小，以往加工合格率只有46%。经过仔细研究，邹峰自制了一套带有减振槽的外包容面辅助工装，并选用金属陶瓷刀片，改进切削参数，使合格率达到了100%。为加工赢得了时间，还节省了材料。

正是凭着这样一股子刻苦的“学”劲、干活的“细”劲和敢为人先的“新”劲，邹峰成为有理论、有经验、有绝活儿的数控车工技能人才。他建立的钴钢棒手工磨制刀具在数控加工中的切削用量参数选择数据库，填补了非标刀具切削用量无据可查的空白，总结的“数控车选刀六原则”、“质量控制三三法”被收编在该厂企业文化成果汇编中。他的《数控加工螺纹保证牙型角一次加工合格的方法》等七篇论文分别被《机械制造》、《机械工人》、《湖北航天科技》刊用，有十几项成果获厂“五小”成果、经济技术创新、工艺攻关奖励，并有两项“五小”成果分别获得科工集团“五小”成果一等奖、湖北省“五小”成果三等奖。

邹峰用实际行动发挥着党员的先锋模范作用，诠释着什么是现代知识型工人。

发表媒体：《中国航天报》
发表时间：2000年4月1日

市场之星——朱克信

曹忠海

在沈阳市总工会组织召开的一次劳动模范和企业家座谈会上，一位中年男子深有感触地说：“搞好国有企业，最重要的是抓好产品开发和市场开发，加强内部管理。如果国有企业能把握住市场，真正发挥出技术、设备和人才优势，完全可以发展得更快更好。”他，就是沈阳航天新新集团55分厂厂长朱克信。

朱克信所领导的分厂在国内航天系统和电力系统赫赫有名。在国家和上级公司没有投入资金、没用贷款的情况下白手起家，迅速发展壮大，截至1999年末，已累计实现销售收入2亿多元，仅1995年—1999年就实现利税3289万元，人均上缴利税20.5万元。55分厂于1997年和1999年两次被评为沈阳市先进集体，朱克信先后多次被评为沈阳市劳动模范、辽宁省劳动模范和航天工业总公司劳动模范，并荣获“航天奖”，今年又荣获全国“五一劳动奖章”，

成为国内电力市场一颗耀眼的“航天之星”。

慧眼真功开市场

1991年初，内蒙古某电厂与沈阳一家大企业签订了两个月内加工完成锅炉点火油枪的合同，不久，那厂家却因这活不挣钱撂了挑子。眼看着还有一周时间60万千瓦发电机组就要用这种油枪点火向东北地区送电，当时把业务员都急傻了。朱克信得到信息后，接下了这活，他亲自带领职工昼夜加班生产，硬是抢出了时间，并及时把货送到。电厂几位领导在午夜的寒风中迎候这位远道而来的“送炭人”。打那以后，这个电厂检修加工的项目源源不断地送给了朱克信所在分厂。

创业之初，朱克信就想到，全国有100多家大电厂，一年一小修，两年一中修，四年一大修。它们的设备大、数量多，其中不少是进口设备。这么大的市场，国内尚未有一家过硬的专业维修企业，其原因就是技术难度大，经营风险高。朱克信看准的就是这块谁也不好啃的硬骨头市场。他长年奔波于全国各电厂之间，一年当中有10个月的时间在外出差，连续四年的春节是在电厂的维修安装现场度过的，就是靠着这种创业精神加上优良的产品质量和良好的服务，使他们在不长时间就长驱直入电力行业，并成为电力部备件中心和华能国际电力开发总公司的定点生产厂，固定资产由建厂之初的 12 万元迅速发展到近 3000 万元。

高起点占市场

经过细致的市场调研和科学分析，朱克信发现华能系统的电站设备基本都是进口的，没有详细的图纸资料，定期检修时，国内很少有人敢干。如果让外国人来干，每小时就是上百美元，进口设备的备品配件价格更是十分昂贵，如迟一小时发电，就会损失几万元到几十万元，这成为困扰他们的一项难题。敏锐的朱克信从这里找到了市场，迅速形成分厂发展思路。

广东某电厂由香港人经营，设备从国外全套进口，由于没有图纸无法进行检修。有几个检修单位派人来一看这情况，都胆怯地打道回府。朱克信没有退缩，他立即派专业技术人员到现场测绘，自己出图，不仅使洋设备上的一般配件国产化，而且还发现洋设备的设计和安装也有一些不尽合理的地方，他们及时提出修改设计和重新加工。验收效果出乎意料地好，全部费用不到外国人的 20%，乐得香港老板不住地竖起大拇指说："朱克信真行，以后有你们这样一流的检修队伍为电厂服务，我们就不用外国人了。"

如今，朱克信所领导的分厂已先后为国内 30 多家电厂检修、改造了从德国、意大利、日本、英国、法国、美国、俄罗斯等先进国家进口的卸船机、堆取料机等大型设备 46 台次，并多次排除了进口设备的原始故障和隐患，摸透了包括电脑控制部分在内的进口电站设备。他们高技术含量的检修服务受到广大用户的高度评价，取得了可喜的经济效益和社会效益。

发表媒体：《中国航天报》
发表时间：2000 年 5 月 27 日

黄瑞松：劈波惊巨澜

赵栋材

• 当新型舰对舰导弹方阵通过天安门前时，总指挥黄瑞松的心骤然间砰砰直跳，目光紧紧盯着车队慢慢驶过。

• 某型号庆功会上，人们看到高大魁梧、红衣白发的黄瑞松，满脸喜悦，满眼泪水，高兴得像个孩子似的跑到外面去放鞭炮。

• 有一位美商向黄瑞松挑衅："台湾想独立有什么不好？"黄瑞松即刻反驳道："夏威夷要独立，美国答应不答应？"

1999年10月1日，国庆50周年阅兵观礼台上，在众多的嘉宾中，有一位身材高大挺拔、满头银发的长者。当新型舰对舰导弹方阵通过天安门前时，他的心骤然间砰砰直跳，目光紧紧盯着车队慢慢驶过。看到他多年为之呕心沥血的海防导弹终于雄赳赳、气昂昂地接受了祖国和人民的检阅，他是多么骄傲呀！这位长者就是该型号的总指挥、国家级导弹专家——黄瑞松。

坚信成功会有时

1993 年 9 月 25 日，台湾试射成功最新导弹“雄风二号”，射程是 105 公里。“105 公里!”国际军界哗然，这可是继美国的“捕鲸叉”、以色列的“加布列”之后，又一型“王牌”导弹。

“雄风二号”的出现，给祖国的统一又增添了一重障碍。海军首长果断作出决策：中国要尽快定型一种“撒手锏”武器——强国弹。

征服过无数型号难关的黄瑞松，面对强国弹研制时间紧、技术难度大等诸多问题，感到了一种从未有过的压力。

某次试验，弹在单元检查测试中都状态正常，但只要一封舱进行全弹测试就出问题，采取了各种措施，怎么也解决不了。转眼一个月过去了，一发弹也没准备出来，黄瑞松急得满嘴起泡，吃饭都很困难。作为技术组组长，他就不信问题找不出来。星期天，他带着高度表研制人员一起去试验场，把弹上的高度表取下来，通电观察，问题终于找到了，试验顺利进行下去。

发动机是导弹的“心脏”。然而 1997 年一年内几次失利，都是动力系统的问题，但试验期不能一拖再拖，有人终于忍不住开始发泄内心的牢骚：“再失败大家的脸都被发动机丢尽啦。”但是失败还是再次“光临”。厨师为了安慰大家，专门做了一桌可口的饭菜，结果竟没有一个人来吃。有人蒙上被子大哭，有人病倒在床上，发动机研究所的所长写下了辞职书。一时间，试验队的“气温”骤降到冰点。有人形容那一天是：“北风卷地百草折，胡天八月即飞雪。”

总指挥黄瑞松心中同样难过。当时别的院领导、总设计师都不在基地，作为试验队的“领头雁”，黄瑞松逐个房间走，安慰试验队员：“失败不是坏事，总结了经验教训，我们离成功就更近了一步，大家要有信心和耐心。”在试验队全体人员大会上，他举起两只胳膊对大家说："别难过，我来指挥大家唱支歌——《团结就是力量》。"这首鼓舞士气的歌被连唱了三遍，大家唱得铿锵有力，很多人任泪水流淌。

歌声坚定了信心，所长收起了辞职书，与队员一起投入到排故第一线。顽强与智慧终于迎来了突破性进展，问题复现了，大家穷追不舍，从根本上解决了问题。

科学试验的道路上总是布满荆棘。发动机问题刚解决，又因电路问题导致一发弹失利。试验队被迫撤出靶场，回院进行全面质量整顿。四年后的今日，讲起这段往事，性格豁达乐观的黄瑞松的声音依然常常哽咽。对他来说，从事型号研制几十年，从来也没有出现过1997年的情况。

撤回后，他曾对失败原因进行分析，有的是技术未吃透导致的，而更多的是因为管理混乱、技术状态控制不严造成的。车间主任被免职，主要责任者停职培训。作为技术副院长，他深入到分系统的每个环节，掌握设计、生产第一线的信息。那一年办公楼里几乎看不到他的身影。他对身边人说得最多的一句话是："在质量问题上就是要小题大做。"

半年多的全面整顿终见成效，下半年靶试连续成功，庆功会

上，黄瑞松特意穿了一件红红的夹克衫，频频举杯。那天人们看到高大魁梧、红衣白发的黄瑞松，满脸喜悦，满眼泪水，高兴得像个孩子似的跑到外面去放鞭炮。

高新技术排头兵

飞航导弹作为航天家族中的成员，不仅科技含量高，而且更新换代很快，这就要求技术领导要有预见性和前瞻性眼光。

80 年代初，黄瑞松逐渐认识到仿真试验在导弹研制中的重要作用，时任总体部主任的他及时提出了建设飞航导弹仿真工程的方案。他知道仿真在导弹研制中应用，会节省大量人力、物力和财力，是研制型号的必要手段和必不可缺的环节。因为许多人根本不了解仿真是个什么概念，于是他不辞辛劳地当起了“义务宣传员”。

1983 年，黄瑞松开始组织制定导弹仿真发展战略和工程具体实施。经过近 20 年的努力，三院建成了制导仿真系统，初步建成了导弹一体化设计系统。

大多数科研人员对仿真技术的认识和应用，都有一个渐进过程。起初大家认为，研制时间够就用一用仿真，时间不够就算了。那时仿真室主任要主动到其他研究室问：“你们什么时间要做仿真试验呀?”而现在却是其他室主任主动到仿真室问：“什么时间安排我们的仿真试验呀?”从实践中科研人员已经看到仿真试验带来的好处：在型号研制中可缩短研制周期 30％～40％，节约研制经费 30％～40％，提高飞行试验成功率 40％以上。黄瑞松对仿真技术近 20 年的倡导与坚持，使三院的仿真技术走在了全国前列。

科学试验发现，大部分人的性格会随着年龄增长越来越保守，不愿尝试新事物。而黄瑞松，没有丝毫保守观念，他不怕新技术试验失败而降低成功率，总是大力支持新技术的开发及应用……

少年壮志一世酬

黄瑞松走上飞航之路，与他童年时的一段刻骨铭心的记忆有关。回忆儿时，印象最深的不是学了多少字，背了多少诗，而是在校内操场上蹲踞着的日本碉堡，以及虎视眈眈端着枪的日本兵。都说“少年不识愁滋味”，黄瑞松却是少年早知“仇”滋味。一颗强国的种子埋在了少年心中：总有一天中国人会不再受欺负。

13 岁时，黄瑞松就去报名当志愿兵，因为年龄太小未能成行；上高中时，报名当飞行员，体检未通过；1956 年 8 月，黄瑞松终于实现了参军的愿望，考入了哈尔滨军事工程学院，学习导弹控制专业，虽然不能在前线冲锋陷阵，杀敌报国，但制造先进的武器也一样可以实现报国之心嘛。在校就读期间，黄瑞松在老师的带领下，对引进的导弹进行分析研究，开始了与导弹打交道的生涯。

从 1964 年起，黄瑞松先后担任多种近程、中程海防导弹的主任设计师、副总设计师、总设计师，领导解决了若干重点型号的关键技术问题，在“九五”、“十五”国防科技发展研究中，担任飞航导弹发展战略研究组组长。老骥伏枥，今年 63 岁的黄瑞松，仍担纲三院预先研究的重任，并在新的型号战线上唱着主角。

上面短短几百字的经历，读完它只需眼球轻轻地转动几下，而完成它却用了黄瑞松大半生的精力。他致力于海防导弹的研究，业绩就浓缩在这短短几百字中，然而，为此付出的辛苦和汗水，却远非几百字可以描述清楚的。

生性耿直不讲情

黄瑞松身边的人都知道他脾气耿直，说话急，嗓门大，就连走路都急匆匆，行步如风。

对待科学试验，耿直就是实事求是，一就是一，二就是二。在他负责的某型号中，定型前的试验全部成功，领导认为可以定型了，他却认为不具备定型条件，还存在着一些薄弱环节，需要继续攻关。虽然意见未被采纳，但他仍坚持自己的看法。后来的定型飞行试验受到挫折，证明了他的耿直是正确的。

对于试验中的技术问题，黄瑞松的意见从不含糊。他不喜欢最后一个发言，也经常在试验现场同其他技术人员或军方代表争得面红耳赤。有人说他没有总师风度，他却说："理不辩不明，你们别管我的大嗓门，权当我不是总师，我提出我的想法，你说你的意见。你说的有道理，按你的办，咱们先民主后集中。"他就是这种性格，技术争论从不搀杂个人恩怨。

涉及到家庭亲情，黄瑞松同样是这种脾气。黄瑞松的儿子黄兴东清华大学毕业，当时黄瑞松任总体设计部主任，他不希望儿子分配到自己领导的单位。但总体部三室的主任早就盯上了这个好苗子，非要他不可。黄瑞松知道，三室的奖金在总体部最高，儿子即使分配到总体部也不能进三室，在他的干预下，儿子被分配到了其他室。

他与老伴可谓情深意浓，但与对导弹的痴情相比，老伴往往只能退居其次。老伴很早以前就有一个愿望，想去南戴河看看大海，黄瑞松答应陪她去，却一直抽不出时间，一拖就是 7 年。直到去年才利用一个双休日，陪老伴去南戴河看了看大海。

黄瑞松小档案

国家级导弹技术专家，研究员。

1938 年出生于江苏宜兴。1956 年考入哈尔滨军事工程学院导弹自动控制专业。1963 年初被分配到国防部五院一分院，1965 年调入七机部三院总体设计部，历任总体设计部研究室主任、部主任、三院副院长。

30 多年来一直从事飞航导弹的研究、设计、试制和试验工作，曾担任过几个型号的副总设计师、总设计师、总指挥，现任三院科技委主任。

1990年被国家授予“有突出贡献中青年专家”称号。曾三次荣获国家科技进步奖，还荣获过“航空航天部劳动模范”称号和航天奖。

黄瑞松轶事

感受“两不变”：黄瑞松因工作关系去过美国、日本等国家，他总结出了“两不变”定律。一是帝国主义亡我之心不变，二是资本家赚钱的本性不变。他说：“有一首歌叫《让世界充满爱》，依我看，这个世界不可能真的充满爱。美国人民是友好的，但美国的政客们讲意识形态斗争，想扼制社会主义国家的发展，帝国主义分子并不友好。”

有一位美商向黄瑞松挑衅：“台湾想独立有什么不好？”黄瑞松即刻反驳道：“夏威夷要独立，美国答应不答应？”

从出国的经历中，黄瑞松感受到：作为中国人，一定要自立自强，千万不能指望别人把最新的技术卖给我们，要靠自己勤奋钻研与创新。

家中被“指挥”：人都说隔辈亲，黄瑞松听到小孙子叫几声“爷爷”，就高兴得合不拢嘴。小孙子是总指挥的“总指挥”，让他站就站，让他坐就坐，一切唯小家伙的命令是从。

一天在饭桌上，儿子小黄与老黄为一个技术问题发生了争执。先是和风细雨地说，后来嗓门越来越大，争得不可开交。小孙子急了，站在椅子上拍着桌子使劲喊，争辩的爷儿俩只得乖乖“收兵”。

散步似竞走：“脾气急，走路也快。他个儿高，我个儿矮，我俩一块散步，我得小步跑着才能跟上，别人都说我们是在进行竞走比赛。”久而久之，黄瑞松的老伴只好放弃了与他一起散步。但黄瑞松每天仍坚持到森林公园散步一小时，如果天气不好，他就在家中锻炼。

黄瑞松有两大爱好，喜欢听音乐，喜欢大自然。他的习惯是，走进书房就放音乐，不管是看文件，还是看书学习，音乐是他的放松剂。CD也就那么几盘，小提琴、二胡、古筝、琵琶演奏的乐曲，反反复复，百听不厌。只要有时间，他喜欢去爬爬山，看看水，与大自然亲近亲近。他走路快，爬山也是健步如飞。有一次爬长城，他把同去的二十几个年轻人全甩在了身后，独自爬上了最高点。

发表媒体：《中国航天报》

发表时间：2001 年 8 月 31 日

为铸"神剑"攀高峰

——记〇六六基地某型号主任设计师储广峰

胡晓娟

"不断努力，不断进取，尽自己所能，争取为国防事业设计出最好的产品，使武器效能达到最佳。"一句朴实自信之话，一颗拳拳报国之心，点燃了一个年轻的型号主任设计师搏击人生的愿望，

并产生无穷的动力，使他在航天的沃土上辛勤地耕耘，尽情地谱写着奉献航天之歌。他，就是年仅30岁、现中国航天科工集团公司〇六六基地红林机械厂设计所所长兼党支部书记、某型号主任设计师储广峰同志。

1994年，以优异成绩毕业于西安交通大学机械工程系焊接专业的学生党员储广峰，带着他对航天事业的向往，带着他要干出一番事业来的雄心壮志，满怀着对未来的憧憬，雄心勃勃地来到了中国航天科工集团公司〇六六基地红林机械厂。刚到工厂，他被分到了精密机械制造分厂实习。尽管是实习，他却从来没有放

松过对自己的严格要求，也没有放弃过对祖国国防现代化事业贡献力量的雄心。在生产车间里，他抓住这个用生产实践锻炼自己的机会，认真学习、虚心请教，很快便对图纸、工艺、检验及加工过程有了全面的了解，为他以后从事型号产品设计工作打下了坚实的基础。

1995 年 2 月，工厂接到了某型号产品的研制任务。工作还不到一年的他就被调到了设计所，开始接手具体的研制任务，加入到了这项国家重点型号产品的研制工作中。当时，该产品在国内尚属空白，技术难度相当大，而且面临着周期短、经费少等许多困难。然而，在老设计人员的带动下，在“求实求新、创业创优”的红林追求鼓舞下，激起了储广峰这样一个热血男儿的报国之志！尽管储广峰参加工作时间不长，对产品设计还很陌生，但属牛的他还真有这么一股不服输的倔劲，凭着他的聪明才智和灵活的思维，加上他平时的苦心钻研，他很快就进入了角色，并躬耕不辍。在研制过程中，他提出了许多有益的建议，并被主任设计师采纳；一道道技术难题，也在大家的共同努力下，被一一攻克。1996 年洪水肆虐的夏天，该型号产品的研制工作也进入了关键时期。为了加快研制进度、尽快落实外协件的定点研制厂家，储广峰自告奋勇地承担起了调研任务。在很多道路被冲毁不通的情况下，他和同事不顾危险，一起坐着大棚车，奔波于长江边的几个城市之间。从孝感到芜湖，从芜湖到合肥，从合肥到九江，由于当时好多地方被洪水包围，找个住宿的地方都很难，只好在大棚车里垫张报纸当床睡。经过十天的炎热、劳累、困乏和惊险，终于确定了该型号的委外研制单位。

“坦诚，聪明，能吃苦，敢创新。”这是同事们对储广峰的评价。这些特点，被储广峰恰到好处地运用到了工作中。在产品试验期间，为尽快掌握第一手宝贵的试验资料，储广峰多次冒着生命危险，参加产品的排爆处理工作。这项工作相当危险，稍微的失误和不小心，随时都会发生不堪设想的后果。但要尽快分析出故障原因，最好的办法就是解剖、分析产品。为把危险降到最低，储广峰的聪明劲便派上了用场，他凭借自己对产品的熟悉，根据产品情况，自己动手设计拆卸工具，成功地完成了拆卸解析任务。两度寒暑风和霜，七百个星辰日和月，在储广峰和同事们的不懈努力下，红林人终于迎来了不平凡的一天。1996 年 12 月 10 日，每一个红林人都不会忘记的日子，该型号试验取得圆满成功。红林人敲锣打鼓、欢天喜地地迎接凯旋的型号试验组。在喧天的锣鼓声中，试验队员们那写满疲惫的脸上露出了成功后的微笑，而储广峰正是这些胜利者中最年轻的一个。不久，该产品被定型并投入生产，其优良的性能，受到了总体部门和用户的一致好评，该产品也因此获得了国防科工委二等奖。

1999 年，某型号产品刚刚研制完毕，另一项国家重点型号相关产品的研制任务又落到了储广峰的肩上。作为型号副主任设计师的他，带领着一群和他同样年轻的设计人员，又开始了新的技术攻关。经过一年时间的努力奋战，该产品不但顺利通过了设计

方案的评审，而且成功地进行了两轮试验，并于 2001 年 10 月成功完成了产品试验。整个研制过程进展得既顺利又迅速。

以往的型号产品设计多是凭经验进行的，采用经验设计→产品制造→试验验证→完善设计→再试验。这种多次循环的传统设计方法，不仅周期长、效率低、浪费大，而且所获得的数据也不全面，往往是觉得效果满意了就停止试验，而不去尝试是否达到了最优的参数状态。作为一名年轻的设计师，储广峰同志从不盲从于传统的经验设计方法和设计思想，而是大胆地创新，即便是已经成熟了的技术，他也要仔细地分析，找出其中的规律，力求设计更优化、更完美。

为了改变传统设计方法带来的不便，当 CIMS 工程还未在红林厂起步时，储广峰便带头采用先进的数字化设计方法，缩短了产品的研制周期，提高了设计质量，节省了设计费用。他大力推行 3C 应用，组织设计师在多种型号研制过程中进行三维设计，改变以往先二维设计、制造原理样机、装配后再修改文件的模式，直接在计算机上进行虚拟样机的设计，装配成功并检查结构协调后方投入生产。某产品在环境试验出现故障时，他组织相关设计人员，进行了设计计算分析，并首开先河地应用计算机力学仿真软件对机构运动进行了动态仿真，通过输入多种设计方案对仿真结果进行比较，并和运用公式手算的结果互相印证，最终选取了一项优化方案，使试验一举成功，在此后的数次试验中，该部件均未出现任何故障。而且，因试验结果反证了计算分析软件的可行性及高效性，使得动态仿真这种全新的设计手段逐渐为设计人员所认同和接受。

2001 年 1 月，年仅 28 岁的储广峰走上领导岗位，担任设计所副所长。在这个岗位上，储广峰的管理才能得到了充分发挥。他先后编制的《火工品管理制度》、《科研零件库管理制度》、《项目管理实施办法》、《型号研制岗位职责》等相关管理文件，操作程序明确，职责和要求清晰。这些举措以较强的规范性、操作性和可持续性，在日常的工作中发挥了重要作用，取得了显著效果。以往，试验件均是各科研人员在试验件库内自选位置进行放置并取用。时间一久，库内就比较混乱，十分不利于管理，且丢失、状态混杂难辨之事时有发生，造成了科研时间和资源的浪费。为彻底改变这种混乱现象，储广峰对试验库存进行了科学规划，废旧或状态不明的零部件被一一清除，库存建立台账，由专人统一管理，并将库存记录上网，每日更新，供科研人员随时查阅。库存管理从此变得井井有条。

为适应工厂型号任务日益增加的需要，储广峰在科研计划管理上推行项目管理方式，组织各型号主任设计师编制型号研制网络计划、月作业计划，检查型号研制完成情况，协调研制过程的各种问题，确保节点进度要求。在多种型号研制以及预研、在研、批产型号并举的情况下，项目管理如同一个大城市的交通图，清楚明晰，从图上，设计师们便能时刻了解到自己及同事的位置和将要处理的问题，各种任务完成情况以及工作量大小也一目了然，更便于量化考核设计师的工作情况，最大限度地调动了设计师的工作积极性，在人员紧张、设计力量不足的情况下，充分挖掘了现有设计师的潜力，使人力资源的利用具有较大的灵活性和可操作性。设计所各项基础管理制度经储广峰大刀阔斧的改革，正积极向科学研试、科学管理的方向发展，设计所科研管理面貌焕然一新，展现出了更为强劲的战斗力。

早在工厂效益并不太好的时候，就常有朋友劝说储广峰：“埋头搞科研不如外出挣大钱，你的能力很强，出去准没错。”但每次，储广峰都坦言道：“是金子总会闪光，并不在乎身处何方。”他以高度的敬业精神和强烈的爱国热忱始终在自己的岗位上默默奉献，让自己的聪明才智在伟大的事业中放射出绚丽的光彩。几年来，储广峰在付出了辛勤的耕耘后，也收获了累累硕果。他参与的多项国家重点国防型号产品的设计工作，都取得了不俗的成绩，而且还先后多次被评为厂“优秀团干”、“优秀党员”，基地“优秀共产党员”、“跨世纪百优青年”等称号。他将自身价值的实现与航天事业、工厂型号研制发展融合在一起，在平凡的岗位上发出了耀眼的光辉。

发表媒体：《中国航天报》
发表时间：2002 年 1 月 1 日

攻关能手曹铭晖

周青锋　饶艳芳

不是每一道江流都能入海，不流动的便成死湖；不是每粒种子都能成树，不生长的便成空壳。曹铭晖在技术线上摸爬滚打十年，凭着对理想和信念的追求，从一粒种子慢慢成长为一棵坚实的树。

曹铭晖1992年从华中理工大学毕业后分配到三江集团万峰厂七车间焊工组实习，1993年年底竞争上岗为七车间工艺员。七车间主要从事机械加工和钣金加工，专业不对口他不怕，经过一年勤学苦练，他对复杂的机械加工工艺和钣金件展开计算得心应手。

1996年，工厂接到型号车左侧仓初样的设计加工任务，这是曹铭晖事业上的一次转折点。作为左侧仓焊装现场工艺员，在爬上爬下的摸索中，他很快对左侧仓的结构有了比较全面的认识。他把现场处理的工艺技术问题和协调设计人员解决的设计技术问题认真作了记录，为以后的工艺定型和设计工作积累了大量资料。

1998 年下半年，工厂进行左侧仓组焊，曹铭晖任该产品主管设计师。左侧仓积攒了很多问题，离交付的时间很近，任务非常重。他采取先易后难、逐一突破的办法，确保左侧仓在 11 月初焊装完毕。决定的事情就要快干、干成、干好，这是他的做事原则，他利用交接空档的三天时间学会了 CAD，用一个星期的时间画完了左侧仓骨架装配图。这次批生产进度快，焊装周期由开始研制的半年时间缩短至一个半月。在此期间他完成的 QC 成果《解决渗漏现象、提高水密性能》先后获厂、基地 QC 一等奖，并获部优；他编制的《运输载车左侧仓总成结构设计规范》在评审中得到基地有关专家的好评，并获一等奖，为产品的顺利投产和交付打下了坚实的基础。

2000 年，曹铭晖被任命为型号车技术负责人，还承担了贮运箱箱体的设计任务。10 月，贮运箱正式投产，而此时型号车的第二台也要进行生产准备，左侧仓正在进行防雨改进设计，三个产品他都要兼顾，忙得连刚出生的女儿也没时间管，更顾不上连续两次的职称英语考试了，他因此错过了进中级职称的机会，但也有接踵而来的荣誉，2000 年，他被评为集团跨世纪百优青年。

2001年，万峰厂创下了型号车当年定型、当年批产、当年交装的最好纪录，在定型、批产、评审、交装每一个环节都浸透了曹铭晖的心血。年初，技术处人员调整，他被任命为工艺室主任，并任左侧仓主管工艺师，同年又被推荐负责技术处的相关工作。

发表媒体：《孝感日报》

发表时间：2002年7月3日

李伯虎：翩翩儒将风

邱　霞

• 也许是命运使然，他接手的项目总是国内"头一份儿"。

• 在交大和清华读书时，他是功课、舞蹈、排球样样行的"全能"人才。

• 几十年，风雨没少落到他头上，可他的脚步始终向前，没有乱过。

• 他总以整洁的仪表、得体的举止给人留下印象，他把这看成对人第一位的尊重。

清华园中一全才

那是英姿勃发、光华四射的岁月。提起青少年的时光，李伯虎眼睛里迸射着点点神采。

1938 年 11 月，李伯虎出生于上海一个殷实的书香门第。祖父时期家境富裕，父亲曾受过良好的大学教育。后由于父亲的健康原因，家境逐渐没落。

少年时代的他懂事、上进，16 岁就进入交通大学学习，1958 年被选拔至清华大学自动控制系学习计算机专业。

外表帅气的李伯虎看上去文质彬彬，不事张扬，实际上却是一个“文武全能”的厉害角色。早在交通大学的时候，他就是校舞蹈队和排球队的队员。进入清华大学后，又被选拔至清华的舞蹈队和排球队，后来因为时间的冲突，专门在排球队效力。

同时，他学习十分努力，功课也很好。

许多年过去了，李伯虎总结自己当年并不是一个非常活跃的人，待人处世很内敛，但很有心劲儿，不服输，因此各方面都发展得比较好，为后来的成长打下了一个坚实的基础。

李伯虎可是作为清华优秀毕业生昂首挺胸地走出清华的门槛的。要知道，当年清华的优秀毕业生不仅要功课好，而且要“德、智、体”全面发展。

逐日追潮立前沿

太阳每天从东方起程，从西方坠落，这就是我们肉眼看到的太阳。因此古往今来，人们总是习惯把太阳与时光紧密相联，把走在时代前沿的人称作是与太阳赛跑的人。

李伯虎就是这样一个与太阳赛跑的人。

他所从事的总是涉及当代前沿的一些专业。当然，这并不总是他自己的选择，但客观结果就是这样。50 年代末他进入清华大学学习时，就学习计算机专业，那时计算机在国内绝对是新生事物。

分配到航天二院后，他开始致力于仿真专业的研究工作，一干就是 40 年。他作为航天首台大型模拟机 M2 样机总体组组长及定型机总负责人，提出大型机整机精度与稳定性设计及测试新方法。后来，他又作为国内首台晶体管大型混合模拟机 M6 机寻优机的负责人之一，提出了混合机上“时间和空间自变量曲线统计寻优”实施新方案。

80 年代初，李伯虎被选拔赴美学习数字仿真。当时数字仿真专业前景看好，正呈崛起之势。为了缩短我国在该领域与世界水平的差距，他不辞劳苦，专心向壁，并与美国仿真学会首届主席等指导老师研究提出间断非线性动力学系统仿真新算法。回国后，他继续从事数字仿真技术的研究与应用。他提出并负责研制一套基于连分式的连续系统新算法与软件。他提出并参与负责研制国内第一个大型连续系统仿真语言 ICSL，主持研制新型计算机辅助设计与连续系统仿真语言 ICSLⅡ，提出递阶串并行、仿真/寻优与控制系统辅助设计一体化及实时仿真等新语言结构，两个语言分别达到国内和国际先进水平，成功地用于多个领域的仿真。他还提出“并发仿真工程”等新概念和新方案，并与欧洲仿真学会主席及美国并行工程研究中心主任联合发表了论文，进而他又负责研制具有国际先进水平的“一体化并发仿真环境”及新一代“综合分布仿真系统”等。他先后任总装备部仿真专业组组长、北京仿真中心工程副总师及“大型分布仿真系统”项目总师等职务，为我国的仿真技术领域不断向国际水平迈进做出了积极的贡献。

CIMS（计算机集成制造系统）在我国也是一门新兴技术。十余年来，李伯虎先后作为国家 863 计划自动化领域专家委员和

CIMS主题专家及专家组组长，参与制定规划及实施，合作提出“现代集成制造系统”理念及技术体系，参与领导了国内首批并行工程的攻关、应用及首批CIMS应用示范工程的实施。863CIMS主题专家组攻克了一批重大关键技术，在国际上占有一席之地，在全国19个行业、20多个省市的200多家企业成功地实施了示范工程，开发出10类产品，建成9个研究开发基地，为我国探索出一条用信息化带动制造业现代化的跨越式发展道路。

李伯虎认为自己取得成绩的原因无它，只不过是埋头苦干，紧随专业发展而已。他认为还有很多事应该做得更好，譬如，仿真科研成果的产业化。

今天，“仿真技术与高性能计算一起，正成为继理论研究和实验研究之后的第三种认识，成为一种改造客观世界的重要手段”，同时，CIMS的研究与应用也正在掀起一场“制造业信息化”的革命。在这场新技术与新观念席卷而来的浪潮中，李伯虎感觉自己的责任重于泰山。他和自己的专业不能落在时代的后面，因为这不是他个人的问题。为了国家，他愿意永远追逐太阳。

心无旁骛步人生

大凡成功者都明确地知道自己想做什么。在目标之前，无论鲜花还是障碍都不能分散他们的精力，阻止他们。李伯虎正是这样。

学生时代，出身不好的他并不因此而自卑，但也不张扬，他只是努力地做自己该做的事，踏踏实实地走好自己的路。

史无前例的“文化大革命”时期，他和当时大多数的知识分子一样，感到极其压抑和苦闷，想做的工作做不了，想学的东西学不了。每天早请示，晚汇报，在农场里干一些重体力活。但即使在这种情况下，他连着两年被评为农场的“五好战士”。反正要做，索性做好，这就是他的处世原则。1971年，他又被幸运地调回第七机械工业部，赴天津搞“大会战”。回到航天怀抱的他如游进大海的鱼儿，立即全身心地投入到工作之中。

人生的道路虽不免一波三折，李伯虎却总不忘记自己的主流，其他的沟沟坎坎则低调对之。他曾经有一次很好的荣升机会，在别人看来，那是一个名利双收的位置，但他觉得这个位置并不适合自己，就婉言谢绝了。这些年过去了，回想起来，他认为自己当年的选择是正确的，只是对要提拔自己的领导感到有一点遗憾，毕竟人家对自己是很器重的。

提起在863计划专家组任职的情况，李伯虎也有些许无奈。一方面他是863专家组的专家、组长，另一方面又是204所的所长、二院科技委副主任，两个方面对于他都很重要，然而人只有一个，两边的事情又多，他时常有一种在时间上分身乏术的感觉，甚至有时还得不到一些同事的理解。但是，他并不在乎这些。他所能做的，就是把自己的休息时间压得更少一些，竭尽全力地把两边的工作都尽可能地做得更好。好在现在集团公司和院里对CIMS都很重视，他也可以把成果拿到自家来实施了，他对此欣慰不已。

能评上院士李伯虎很感慨，他认为自己只是做事比较认真勤奋而已，如果没有这些年来领导对自己的培养和支持，没有同仁的共同努力，没有改革开放的社会环境，自己也只能一事无成。

谦谦君子儒士风

了解李伯虎的人都知道，他是一个谦谦君子，一个严以律己、宽以待人的典范。他作为专业带头人，总是高标准、严要求地对待自己，努力站在学术的前沿，把握着仿真和CIMS的发展方向，治学严谨，精益求精，但对于他人，他总是很宽容。在他主持的工作中，没有一言堂的现象，他让大家尽可能地把自己的观点提出来，甚至可以与他争论，他绝不会把这种争论当成是对自己权威的挑战。他的学生如果论文写得不够好，他并不声色俱厉地批评，而是一句句认真地改。在他看来，身教胜过言传。

他在工作上总是做得很多，很少推诿；在名利上却经常退让。每年过他手的项目经费数目不小，但是他却宁守辛苦和清贫。

年龄渐长，地位渐高，他对自己的要求却没有松懈。力求与自己的地位成正比，他没有休息日，晚上工作到深夜。他对个人形象也一以贯之地非常注意，总是以整洁的仪表和得体的举止示人，他把这看成是对他人的尊重。但同时他的架子却没有和地位的上升成正比。他不在意身份，不讲排场，不为自己的待遇问题计较。他对领导和当年培养、扶持过自己的人一如既往地尊重，对同事和下属一视同仁地谦和有礼，在力所能及的范围之内，对别人的要求总是有求必应……

正像他的学生所说，无论从学问还是从人品的角度讲，颇具儒士风的谦谦君子李伯虎都给人们留下了深刻的印象。

发表媒体：《中国航天报》

发表时间：2002 年 9 月 25 日

于本水：空天放歌行

邱　霞

这位院士出身贫寒，从不完整的小学教育到热火朝天的土改生活，从考入重点高中到留学一流学府，他的人生如此多彩。

他的为人如同他的名字，“本”色自然，静若止“水”。

20 世纪 60 年代我国多次击落美 U－2 飞机的战绩尽人皆知，而他作为主要攻击方案“近快战法”的提出者，却知者甚少。

曲折的求学之路

1934 年，于本水出生于吉林省九台县的一个很穷苦的农民家庭。

回想起少年时代，于本水很感慨。那时祖国的大片土地被日本人占领，民不聊生，家里生活很困难。他的小学教育都是不完整的，仅学了三年半就辍学到了一个小工厂去做童工。但是聪明的他

用三年半的时间就修完了整个小学的课程，这在那个蹉跎岁月里是一件令他和家人都非常自豪的事。在工厂每天繁重劳动之后的夜晚，他在昏暗的油灯下读了他能找到的所有书籍，其中一本谈到中国被列强占领瓜分，鼓励同胞们快快觉醒，奋发图强的《醒同胞》令他终生难忘。

东北解放给了他一个崭新的天地。改天换地后的家乡在于本水看来是那样的新鲜，那样的生机勃勃。识文断字的于本水被土改工作队队长看中了，成了一名小土改工作队员。那一年他 13 岁，土改工作队热火朝天的生活极大地鼓舞了他，开阔了他的视野。

但是身为工作队员的小于不是一个容易满足的人。一年后年轻的于本水要求继续去读书，考进九台中学，初中毕业后，于本水又来到长春市第一高中。后来，这两所学校共走出了三位院士。

1954 年，于本水被选拔到苏联留学，就读于航空航天界的一流学府莫斯科航空学院，专门学习航天技术。于本水在莫斯科航空学院刻苦学习，自豪地以优秀成绩从这所学府毕业。该校将这位优秀毕业生的照片和业绩展示在他所在的教研室里。也正是在莫斯科留学期间，于本水亲耳聆听了毛主席的讲话——“你们青年人朝气蓬勃，正在兴旺时期，好像早晨八九点钟的太阳。希望寄托在你们身上。”

作为“八九点钟的太阳”，于本水知道他未来的道路应该怎样走。

著名的“近快战法”

1960 年，于本水来到国防部第五研究院，开始从事防空导弹研制，一干就是 43 年。

谈到早年的工作生涯，于本水很兴奋。在那个一穷二白的岁月里，我国的科技工作者调动一切积极性和创造力，与美蒋的先进装备一争高低。60 年代中期，美国 U－2 高空侦察机经常来祖国大陆偷偷侦察。被我防空导弹击落后，它又学会了机动逃逸，即制导雷达一开机，它便机动逃出防空导弹杀伤区。空军司令部要求国防部五院帮助解决这一难题。这个艰巨的任务落到了以于本水为课题负责人的研究小组头上。于本水带领整个小组昼夜加班，经过大量数学仿真计算，终于拿出了一个有效方案，被空军指战员称为“近快战法”。这种方案根据 U－2 高空侦察机的机动性能和我防空导弹的作战能力，提出压缩制导雷达开机距离和发弹距离，并辅以兄弟火力单位佯攻。一旦按此发射导弹，敌人就难以逃脱被击落的命运。空军导弹部队用这种方法很快又连续打掉了几架 U－2 飞机。

为此，于本水本人荣立三等功，该项成果荣获“全国科学大会奖”。于本水和他领导的课题组创造的“近快战法”，以其卓著的赫赫功勋在航天二院和空军的历史上留下了永不磨灭的印记。

专家的丰厚家底

在我国从事防空导弹研制的专家中，于本水可以算是为数不多的航天科班出身的老资格专家。40 多年来，他一直在科研第一线从事防空导弹研制工作，参加和主持了多个型号的研制，为我国的航天事业做出了重大的贡献。

而立之年的于本水以“近快战法”在学术界取得声誉后，开始了更多型号的研制工作。在长达几十年的时间里，我国第二、第三代导弹相继研制成功，而于本水也从风华正茂的新一代学者变成了我国著名的防空导弹专家。在型号战线上的忙碌身影中，他的头上添了几多斑斑白发，他的阅历和学识不断丰富。人们都说，这些宝贵经验是为航天事业积攒的一笔宝贵财富。

而他在各种奖项及“专家”、“模范”的称号纷至沓来时，抓紧时间撰写专业著作，把宝贵的经验写进书中传以后人。它的著译作《防空导弹总体设计》、《系统工程与无人驾驶飞行器设计》等，成为航天技术及航天事业发展的重要参考，为学术界贡献了一个踏踏实实做学问的人的丰厚积累。

他遇到过太多的困难，但豁达乐观的他回首往事，那么多挫折一时却都记不起来了。唯有那种感觉是忘不掉的，那是一种“昨夜西风凋碧树，独上高楼，望尽天涯路”的感觉。当然，他并不是一个人寂寞前行，他有一支多年和他共同奋斗的团队。

于本水是一个真正乐观、豁达的人，乐观、豁达到自在、自觉。他曾这样说，导弹研制不是做玩具，是一项宏大的系统工程，周期很长，中间出现问题甚至失败是很正常的事，出现问题后，最重要的是把握数据，分析并找出问题的根源，最后提出解决问题的办法。这是他认为自己最应该做的事，也正是他最擅长的。当然有时他也着急，但作为技术负责人，他若是乱了阵脚，别人怎么办？也正是基于这样良好的心理素质，于本水在挫折当头时，顺理成章地做着他自己认为应该做的事，而在蓦然回首时，收获灯火阑珊的喜悦。

是的，他取得了一个又一个胜利的重要原因就是他有着极其良好的心理素质，但这还仅仅是一个必备的条件，更重要的是他坚定的政治信仰、坚实宽广的理论基础和系统的专业知识、丰富的实践经验、优秀的创新能力、出色的论证设计试验分析能力及良好的协调能力。

他有着坚定的政治信仰。他认为优秀的航天系统设计师必须具有事业心和献身精神，那种见异思迁、见利思迁的人是难以完成航天系统研制这一艰巨而复杂的任务的，持之以恒是航天系统设计师必备的品质。

他有着坚实宽广的理论基础和系统的专业知识。他认为，不具备坚实宽广的理论基础和系统的专业知识，在研制工作中就底气不足，难于创新，更不用说认识众多技术问题的实质并提出有效的解决办法了。

他有着丰富的型号研制实践经验。他认为，航天系统设计师，特别是担任主任设计师以上职务的人，必须具有一定的型号研制实践经验，善于将理论与实践相结合。

他有着优秀的创新能力。他认为，对于研制过程中出现的大量技术问题，系统设计师的大脑应当是一个“加工厂”，善于抓住要害，及时找出解决问题的途径。

他有着出色的论证、设计、试验和分析能力。他认为，航天系统设计师应能根据技术指标对本系统进行方案论证，保证系统方案的先进性和可行性。

他具有良好的协调能力。他认为航天系统设计师要善于与人共事，善于优化技术方案，为国家提供精良的导弹武器。

院士的自然本色

作为中国工程院院士的于本水，把工作中的协调和组织能力看成是一项非常重要的能力。这不难理解，航天事业是一项庞大的系统工程，必须由很多人共同来做，每一个环节出现差错都会带来整个系统的失衡，最终导致失败，无论其中的一个或几个个体多么出色都于事无补。因此要想取得大的成就，就必须团结、调动方方面面的人，共同完成任务。正如同于本水教育自己的学生那样，要想做好事，先把人做好。

也许正因为如此，在许多人的眼里，于本水是一个修养非常好的人。他豁达、宽容、乐观、谦逊、严谨……正像他的名字一样，他“本”色自然，静若止“水”。

他看上去是那样的心态平和，言行举止流淌着一种稳定自若的气质——这是令很多人欣羡的境界。

这并不是说，他待人处世只一味地宽和。他对待事业、对待工作绝对是一丝不苟的。

譬如说带学生，于本水绝对严格要求，毫不含糊。20 多年了，从他的门下出去了很多学生。他在这些学生的身上倾注了大量的心血，补基础课，辅导论文，帮助学生掌握正确的工作方法，教育他们牢固树立为航天事业奉献的精神。他的努力没有白费，他的学生有些现在已经走上了重要的工作岗位，为我国导弹事业的研制发挥着重要的作用。

说起于老师，学生们充满感情，用三个词来形容他——严师、慈父、良友。

从教书的角度讲，于老师是一个良师，从基础课到毕业论文到工程实践中的实际问题，他对学生们非常严格，不管他们当时是否完全理解，因为他相信，不久的将来他们一定会理解的。

从育人的角度讲，于老师又是一个慈父，从为人处世、生活琐事等方方面面教育、关心学生。他教育学生要想做好事，先把人做好。在生活上给予学生慈父一般的关怀。

而当学生成长起来，振翅从他的身边飞走后，于老师又像是他们的良友。每当学生在技术上遇到棘手的问题，就会想到去请教他们的于老师，于老师一定会从朋友的角度坦诚地为他们出主意，解决疑难问题。

正因为如此，于本水的历届学生对他都非常尊敬，因为他传授给他们的不仅是专业知识，还有他一丝不苟的工作作风，谦虚正直、豁达宽容的胸襟，这些不仅以言传的形式，更重要的是以身教的形式，潜移默化地植根于他们的脑海之中。

“要想做好事，先把人做好”，这看似浅显的一句话却有着深刻的含义！当然，在于本水看来，他寻常到本来就应当这样。

这是于本水的境界。

历程

于本水，中国工程院院士，防空导弹专家。1934 年 5 月生于吉林九台，1960 年毕业于莫斯科航空学院。历任研究室主任、总工程师、副总设计师和总设计师等职。现任中国航天科工集团公司科学技术委员会常委，博士生导师，北京航空航天大学、北京理工大学、哈尔滨工业大学和西北工业大学兼职教授，中国无人机学会高级顾问。

40 多年来，他一直在科研第一线从事防空导弹研制工作，先后参与和主持了多个型号的研制，为我国航天事业做出了重大贡献。

20 世纪 60 年代，他参加了我国防空导弹创业和第一代防空导弹的研制，解决了许多技术难题，该项目获得全国科学大会奖；在我国第二代导弹研制过程中，他率领设计队伍攻克了关键技术，该项目获国家科学技术进步特等奖和多项部级奖；他主持研制的我国第三代导弹达到世界先进水平，获国防科学技术奖和国家科学技术一等奖。主要著译作有《防空导弹总体设计》和《系统工程与无人驾驶飞行器设计》等。曾获得二院“新一代知名专家”、航天系统“有突出贡献专家”和劳动模范称号，立一等功三次，是 1993 年光华科技基金一等奖和 1996 年中国航天奖获得者。

火花

武工队员：于本水 13 岁时就成了一名土改工作队员。那时的土改工作队又叫武工队，佩带枪支。武工队员小于在队员中很特别，虽然人还没有枪高，但识文断字，精明干练。

老于，神了：一次在靶场，导弹因为某种原因没有打出去，运回了技术阵地做测试。试验基地有人把已经弹出去的筒盖又盖到导弹上面，结果导弹测试不合格。于本水轻松而又自信地说，我们的导弹一点问题没有，把导弹“帽子”拿掉就正常了。结果一分不差。人们竖起了大拇指，“老于，你真神了！”

智力都正常：于本水有一个不一般的家庭，他和夫人都是早年留学苏联的留学生。三个子女凭借自己的实力，都很有成就。但当人夸奖他的子女很聪明时，他总是笑笑：“啊，智力都很正常，没有问题！”

发表媒体：《中国航天报》

发表时间：2003 年 5 月 9 日

空间电子学家黄培康：目标永不消失

邱　霞

随着人类进军空间的步伐，整个空间已经热闹非凡，在成千上万的人造天体中，有的就像“顺风耳”，监听着地球上的无线电波；有的则像“千里眼”，穿云破雾洞悉地球一草一木；有的像“二传手”，把各种通信信号从东传到西；有的则因失效沦为太空垃圾。还有从空间飞越的各种飞行器，不管这些目标多么神奇，空间电子学家总有办法识别它，如同“有矛必有盾”。黄培康就是从事如此使命的科学家。

愿为“桥梁”——致力于应用基础研究

20 世纪 60 年代末，著名科学家钱学森就高瞻远瞩地看到了目标识别对中国航天事业发展的重要意义，指出雷达、光电传感器不仅是望远镜，还应是显微镜，不但要告诉人们目标在什么地方，还

要告诉人们是什么目标。

在钱老的倡导下，从中国科学院力学所、物理所、电子部电波传播所等处调集了大批科学家，成立了目标识别研究所，隶属于第七机械工业部第二研究院。已经在航天领域工作了十多年，专业基础扎实的黄培康自告奋勇来到这个所，在这个领域不断地耕耘、拓展，使我国在这个领域得到了长足的进展，始终立于时代的前沿。

黄培康这样定位他所从事的目标特性研究和测量——介于航天科学与航天工程之间。航天科学进行的是基础研究，航天工程致力于成熟技术的应用研究，在基础研究与应用研究之间必须有一个桥梁，这就是应用基础研究。没有它，科学与技术之间就无法紧密地联系，而应用工程就将迷失了方向。

黄培康将该所的研究方向定名为目标与环境特征，并创立了一整套特有的研究方法与思路。

善用“眼睛”——创建国家重点实验室

黄培康形象地把实验手段比喻为“眼睛”，认为没有实验，那么应用基础研究就如同在黑暗中摸索。

正如搞气动力学实验需要风洞、水动力学需要水洞一样，做目标的电磁学、光学实验需要微波无反射室和光学暗箱。黄培康和他的同事一道在研究所筹建了光、电两个国家科技重点实验室。一个小小的研究所同时拥有两个国家重点实验室，这在全国也是罕见的。

他直接指导的目标与环境电磁散射辐射实验室能够测量飞行器缩比模型的雷达散射截面小到相当于自行车轮上的一个钢珠对电磁波的散射量，而这时背景的杂波比钢珠散射的1/1000还要低。

目标与环境电磁散射辐射实验室已为多种装备型号提供了作战目标与环境参数的模型与数据，提高了武器装备的性能，也为微波遥感建立了散射辐射基本模型。该实验室也使我国成为继美国、俄罗斯之后第三个能完整地对目标电磁散射进行研究和测量的国家。

“顶天立地”——放眼世界与立足实际相结合

黄培康认为应用基础研究的科学家必须具备“顶天立地”的素质，所谓“顶天”，就是能够跟踪学科的前沿；“立地”，就是要致力于解决工程问题，理论不能脱离实际。

在学术上，他始终保持与本领域国际先进水平接轨。1987 年，他参加联合国教科文“地球资源开发与遥感”研讨班，致力于解决遥感数据与实际目标物理参数的解译问题；2001 年，他在国际雷达会议上作特邀报告《中国对雷达目标特征的研究和测量》，在大会上引起很大反响；他作为国际宇航联地球观察委员会委员及国际 IEEE 高级会员经常参加国际学术活动；他还频频在国际刊物与中国刊物英文版上发表论文。

在解决工程问题上，他充分重视试验中出现的误差与目标特征的关系问题。在 20 世纪 80 年代某国家重点工程中，他就从目标特征出发对航天飞行器的某些重大方案作过修改和修正，并最终被总师采纳。

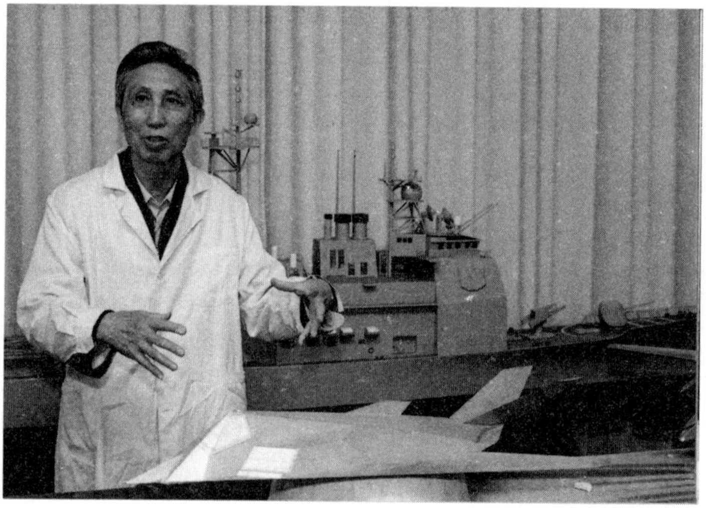

他的研究取得了丰硕的成果，共获国家科技进步奖二等奖1项，全国科学大会奖2项，部委级科技进步奖一、二等奖8项。

“根深叶茂”——组建一支优秀的队伍

黄培康对于人才培养与本专业领域发展的关系有着非常深刻的认识。20年来，他培养了26名硕士、10名博士，目前国内该领域顶尖的人才大都出自他的名下，可谓“桃李满天下”。

他对学生的要求非常严格，主张“厚基础、重实践”，要求学生必须有坚实的基础理论、系统深入的专业知识，强调要自觉运用形式逻辑思维，善于推理和判断，在交叉学科中求创新，同时要重视工程实践。

他的同事和学生们认为，无论从为人还是从严谨的治学精神及学术成果论，他都堪称国内该专业领域的一面旗帜，对他“厚基础、重实践”，重视研究方法的培养，鼓励创新等记忆深刻，认为这些对于自己今后的人生发展起着非常重要的作用。

作为学术带头人，黄培康并不满足于已经取得的成绩，他认为最重要的是利用自己的专业优势为我国的国防科技和国计民生多做一点贡献。他呼吁国内的有识之士，不要仅满足于我国的资源卫星获取的可见光照片，在红外多光谱照片中包含了温度、含水量等更丰富的信息，合成孔径雷达成像照片中更蕴藏有穿透丛林、地下的资源信息。而这些照片的解译工作正是目标环境特征科技工作者的任务。

黄培康希望能为国家多做一些，再多做一些！

发表媒体：《中国航天报》

发表时间：2003年7月18日

扬帆劈波朝前走　创新路上写青春

——记〇六六基地红阳厂青年钳工、特级技师杨波

唐国瑞

19岁技校毕业参加工作，在钳工岗位摸爬滚打了12年的杨波，1993年、2002年两次参加全国性的职业技能竞赛，两次获得“全国技术能手”称号；曾荣获〇六六基地“钳工大王”、“劳动模范”、“十大杰出职工”，“湖北五一劳动奖章”，航天科工集团劳模、湖北省“新长征突击手”、“青年岗位能手”，航天工业总公司“中青年技能接班人”、“百优青年”，航天机电集团“十杰青年”、国防科技工业“岗位成才能手”等荣誉称号；2003年晋升为特级技师；入选《当代中国能工巧匠》和《中国当代杰出青年大典》书中。这一连串荣誉的背后，留下了杨波在科研生产中技术创新、克难攻关的坚实足迹。

创新刀具刃磨方法，化繁为简

杨波1992年7月进厂后，在生产准备车间当模具钳工和装配钳

工，从事军品生产。虽说上技校时就在工厂钳工技术比武中勇夺第一名，但进厂后他深切感到，原来所学知识十分有限，模具活从未接触过，更有许多难活闻所未闻。为此，杨波一方面在实践中虚心向老师傅学习，博采众家之长，在繁忙的军品生产中锤炼自己；另一方面利用业余时间自学钳工、铣工、车工、磨工、钣金工等机械加工方面的书籍，1997年获机械加工专业大专文凭。他结合生产钻技术，不仅在模具钳工和装配钳工技术方面有了很高造诣，而且在铣、车、磨及其工艺方面达到了很高水平，积累了一手绝活绝技，为他立足岗位钻研创新打下了坚实基础。

刀具是机加工人的“武器”。刀具的刃磨方法和技巧，不仅决定着加工产品的实物质量，而且影响着加工效率。杨波在绝活绝技创新中，有不少难关的突破都与创新刀具刃磨方法有关。

标准的麻花钻刃磨。各类教科书都讲采用主切削刃与砂轮机旋转中心平行刃磨，但磨出来的钻头纹路呈同心圆，生产中容易使中心产生偏斜，影响质量。他把这件事放在心上。1993年他参加全国技能大赛培训时，从一位老钻工的几句话里受到启发。回厂后杨波经过较长一段时间摸索，改用竖磨法：将主切削刃与砂轮机主轴垂直，磨出来的钻头表面呈放射状，钻心处顶角变小，使定心更稳，切削力减小，切削轻快，钻孔表面质量和孔径精度得到提高。此后他不断总结完善，毫不保留地教会了班组的同伴。现在青工贺雄伟掌握这种刃磨方法的技巧已达到与杨波媲美的程度。前年，杨波的先进刃磨方法在〇六六基地相关厂得到推广应用。

杨波善于动脑。每到手一项活，不是马上就干，而是对着工艺、图纸反复琢磨，尽量寻求便捷的加工方法。1994年加工型号产品“包带紧固螺栓”，原本是车工活，因材料硬、脆，螺纹不好处理，领导把这项难活交给杨波。杨波仔细观察后，分析其关键点在于要有好用的丝锥。但现成的没有，要买一时也买不着。杨波找准症结采用手工方法磨，结果比想象的顺利，半个小时磨好2个丝锥，从而顺利完成加工任务。

90 年代中期，工厂承担的“设备工程”任务重，时间要求急。其中吊具关键件环栓及链环的外形加工有上百件，批量大。因加工余量大，钳工锉修成型难度和劳动强度都很大，手工锉修 1 件至少得 4 天。杨波拓宽思路，他从铣削加工知识中想到用成形指状铣刀加工齿轮，用直径为 ϕ20 以上的键槽铣刀改磨成内圆弧成形刀，铣削内外圆弧，套环的外圆弧用圆盘加工，铣完后钳工钻孔、再“光”一下即可，提高工效 10 多倍，大大减轻了劳动强度，保证产品按时交付。利用同一原理，1998 年，在加工外形为多凸缘梅花状的关键件阻压板中，杨波仔细观察后，认定钳工锉修的工期最少要三天且精度很难保证，即确定改用分度成形铣削法。他自己磨好铣工刀具，借了一台小铣床，叫上同事协助，连干 4 个小时完成了任务，保证第二天上靶场，表面质量也比锉修好得多。

杨波在型号产品模具加工中，有八九成是难度很大的凸凹模。而裙部口框成型模、口盖成型模、头部底盖面型模又是其中难度最大的几种，关键点是间隔不好掌握，别人怕干不好不敢接，进度又要得急，当班长的杨波又承担了下来。他凭着细心和高超的技艺，

在改进刀具刃磨方法上做文章，用书上学到的铣工知识指导铣工一起干，硬是突破三种模具难关，为试验赢得了时间。他还制作了“平面活头伸缩刮刀”，刮削平台只用一把刮刀，解决了干活时要摆一大堆刮刀的问题。

创新工艺方法，化难为易

技术人员编工艺，工人照工艺干活，这是“天经地义”的事。但由于工艺技术人员大多缺乏加工的实际经验，对一些难活、急活、新活，按常规编写的工艺文件往往不能达到最佳加工状态。此时，从工艺上改进、突破，则是生产中克难攻坚的有效途径。杨波多年来刻苦钻研，一专多能，使他这位工人在工艺技术方面也达到很高的水平。

2000年在型号产品生产中，一项从未干过的检测工作台加工的难活、急活摆在杨波面前，要求在4mm厚的酚醛层压板上钻14个7mm×2mm的洞。由于洞小、板厚，材料特殊，很容易劈开，杨波先后用钢丝锯、锉刀修都未成功。为防止材料劈开，他变换思路，用1.8mm的小手电钻在板的两面对着试钻3个孔，再用锯条修平，一举攻克难关。从那以后，杨波把这项绝技传授给班里的伙伴，生产一路绿灯。

在生产实践中，杨波从工艺上找窍门解决急难技术关键的实例很多。2000年10月24日晚上，在型号“归零”中某地面试验急需0.2mm至0.8mm的五种调整垫圈2000余件，要求22时前先交4种规格各16件，剩下的第二天全部交付。杨波与其他4名工人承担了此项工作。由于材料太薄，不好加工，为先保证22时交付的产品，5个人用手工剪了1小时才完成64件。在剪制中，杨波想到做个小工装将薄板夹紧，钳工先钻内孔，再穿上芯轴车出外径，一次可加工若干件。他马上把想法告诉了大家，经过大家补充，套筒夹紧钻磨和芯轴夹紧式车床夹具设计成形了。经试验十分有效，5个人边钻边车，1小时完成1000件以上。后来车间用这种方法加工了数以万计的调整垫圈，满足了试验需要。

2002 年新型号出现螺纹变形需要返修，而这批部件当天就要到西安做试验。螺纹位置距孔口 480mm，看不见摸不着，返修难度很大。杨波分析后，采用调质 45＃钢，车制 62×1.5 螺纹，线切割切出刃口和排屑槽，焊上手柄，自制加长丝锥，经过校正解决了螺纹变形问题，为试验争取了时间。

杨波对工艺的认知程度，为他从事民品生产派上了大用场。2003 年，工厂与北京 625 所配套生产滚压装置，这是近年国内发展起来的全钢丝子午轮胎成型机的核心部件，其精度和制造难度都非常大。因是新产品，625 所在天津某厂和红阳厂各试制 2 台，以比较质量，选择生产厂家。红阳厂的试制任务由杨波和贺雄伟为主承担。经过 2 个月试制，红阳厂按时拿出零件。为让设计单位放心，2003 年 6 月杨波等人前往 625 所现场装配。当时设计单位还没有成形的装配工艺，杨波与设计单位技术人员一起，边装配边总结工艺方法，最后形成了一套完整的滚压装置装配工艺。尤其是在装配打孔中，设计单位原来提出在装配时打孔 400 多个，杨波根据实际情况，将打孔的工艺提前到零件生产阶段，节省了大量时间，保证了设备的表面质量，实际精度控制在 0.03mm；同时还改进了摇臂的同步角度和气缸转动角度的检测方法，保证了精度，提高工效 5 倍。装配结束后，杨波等为设计单位提出改进图纸几十处。杨波的高超技能，使设计单位对红阳厂非常放心。2003 年下半年，625 所专门请杨波前往北京给参加技术比武的职工讲课。2004 年上半年 625 所又两次派钳工技术尖子郭晓红到红阳厂向杨波跟班学习理论和实际操作，每次跟班半个月。郭晓红回去后在航空系统华北地区技术比武中获钳工第一名。杨波不仅为工厂争得了信誉，也为兄弟单位传授了绝活绝技。

创新“三不操作法”，提高质量

1995 年下半年，杨波开始担任钳工班班长。杨波深感责任重大。全班30余名职工，大多比杨波还年轻。他带着一批年轻职工完成了一批批急、难、重的型号生产任务，将刮平台、编钢丝绳等决窍传授给更年轻的青工，班组连续五年获先进班组称号。

型号产品质量第一。杨波思索着不仅自己要保证产品质量、班组保证产品质量，还应在更大范围内提高产品质量。1997年3月，他总结自己多年的实践经验，将自己的习惯作法归纳为既能保证产品质量、又能提高工效的"三不操作法"（图纸没看懂不开工、工艺文件不消化不开工、疑难问题不解决不开工）和"慢——快——细"的操作节奏（拿到图纸慢动手，看清图纸、计算准确；粗加工要快；精加工要细）。

"三不操作法"一出来，与工厂大力提高产品质量的思路一拍即合。当年工厂把推广以杨波的名字命名的"杨波三不操作法"作为提高质量的一项重点工作，及时召开各种会议，通过广播、闭路电视、宣传标语在全厂进行大规模宣传。"3·22"航天质量日，杨波在工厂闭路电视上向全厂职工谈"三不操作法"的内涵与自己的亲身感受。工厂技术、管理系统也分别将该法引入各自的工作中加以运用，在全厂激起强烈反响。6月初，〇六六基地在红阳厂召开推广杨波"三不操作法"现场会，基地领导和质量技术部通过近几个月的质量数据，宣讲运用"三不操作法"的成效。会后，与会人员到车间听取杨波现场介绍"三不操作法"；杨波还应邀到各厂介绍实施"三不操作法"的体会，使他的"三不操作法"在全基地得到推广应用。10月，学习推广杨波"三不操作法"的情况分别在航天工业总公司政工会和京区团委工作会上交流。为了巩固学习、推广杨波"三不操作法"的成果，工厂每年都要在有关质量工作的会议上强调坚持"三不操作法"，并于2004年3月，将杨波"三不操作法"编入红阳厂《质量文化手册》。统计数据显示，工厂在学习推广杨波"三不操作法"后，职工的质量意识和产品质量得到较大提高。1997年至1999年，工厂产品一次交验合格率为98.2%～

98.7％，2000年至2003年，提高到99％～99.7％，均高出年度计划指标。作为“三不操作法”的创造者，杨波的产品质量更胜一筹，几年来的一次交检合格率达到99.6％～100％。

杨波刚过“而立”之年，今后的路还很长。杨波表示，他一定会坚持在生产一线走技术创新之路，为航天产品的科研生产排除一个个工艺难关。

发表媒体：《中国航天报》

发表时间：2003年9月5日

赵殿礼：固体助推人生动力

胡群芳　翁淑荣

- 在国外留学时，他要求去导弹工厂参观却被告知不可能。此时他下决心一定要让中国的火箭飞上天。
- 被看作“老糊涂”的他主动接了个“硬骨头”型号来啃。三年苦战终获成功时，他心里憋了几年的一口气终于长吐出来。
- 忙于工作的他被一个电话唤至妻子病床前，看着刚刚离去的妻子，他胸涌悲痛，心中留下了永远的遗憾。

赵殿礼，固体发动机专家，中国航天科工集团公司第六研究院高级顾问。1935 年 4 月生于江苏泰兴，1956 年至 1962 年在国外学习固体导弹技术，1962 年 5 月毕业分配到国防部五院固体所任技术员，1965 年至今在中国航天科工集团公司六院 41 所工作。1975 年入党，1986 年、1989 年两次荣获内蒙古自治区劳动模范称号，1990 年被授予“全国五一劳动奖章”和全国优秀科技工作者称号，

1991 年开始享受政府特殊津贴并被评为部级有突出贡献的专家，历任 41 所研究室副主任、主任，副总工程师、总工程师，科技委副主任、主任和六院顾问等职。他以渊博的学识、精湛的技术，赢得了技术人员的敬重。赵殿礼自强不息的信念，一丝不苟的作风，以及为航天事业鞠躬尽瘁的品格，已经成为科工六院最宝贵的精神财富。

在内蒙古呼和浩特市郊区南地，中国航天科工集团公司六院附近的田野里，傍晚常常会有一位面庞清瘦却精神矍铄的老者行走在田间的小路上，一副沉思状。很少有路人会去注意这样一位老人，但从事固体发动机的科技人员说起他，都会满脸尊敬地说："他可是六院固体事业的骄傲。"

这种散漫的行走，是他繁忙而紧张的工作中唯一的休闲，但即便此刻，他也是满脑子的数据、公式、试验参数，一刻不离他的宝贝发动机专业。他用心血浇灌着航天固体火箭事业，他的人生价值，在固体事业的一次次飞跃中不断升华。他就是中国航天科工集团公司第六研究院高级顾问、杰出固体发动机专家赵殿礼。

异邦归来　奋发图强

1962 年，赵殿礼怀着一颗拳拳报国之心，从国外学成归来。那时候，世界上的固体火箭发动机技术尚被几个大国垄断，在我国是一块处女地。由于这项技术在战略上具有特殊的重要意义，这些大国不但对我们严密封锁，而且在军事上进行威胁，妄图阻挠我们在这一领域壮大力量。留学时，一次赵殿礼要求去导弹工厂、基地参观学习，被告之这是不可能的。胸怀爱国心的赵殿礼深深地被刺伤，为何人家以老大自居，颐指气使？还不是手里握着几枚火箭吗！再看看自己的国家，经济基础薄弱，技术力量不足，科研条件落后。强烈的反差极大地震动着赵殿礼的心，他决心一定让中国的火箭飞上九天，同时他深知肩上责任之重。

回国后赵殿礼一头扎进发动机重要部件——喷管的试制和研究工作中。计算，用的是手摇计算机，一个星期算一个截面，就像是蚂蚁啃骨头；试验，没有专用的实验室，甚至不具备隔离操作条件，充满着危险。但赵殿礼还是无怨无惧地进行着研究工作。一次，赵殿礼和同事利用一个简易工房做喷管气密试验。试验开始前考虑到安全因素，他把同事们都劝出工房，自己单独留下，把试验情况详细记录了下来。

1962 年至 1966 年，赵殿礼潜心钻研，设计出了适用大型发动机的烧蚀绝热、承力复合的喷管结构，这种结构后来成为我国固体发动机喷管的基本型。他先后负责几种不同直径的试验发动机的喷管设计，这些试验发动机全部试车成功。从此，我国固体发动机事业走出技术探索阶段，已具备了研制型号发动机的实力。

技术权威　攻关解难

六院的技术人员送给了赵殿礼一个绰号“金手指”，叹服经他点拨，问题定能迎刃而解。赵殿礼的“金手指”在六院多个型号中，确实起到了“四两拨千斤”的作用，使型号研制和试验得以起死回生。

在某型号发动机制定方案的阶段及研制初期，赵殿礼是一位重

要的参与者。该导弹两级发动机后期的结构改进、飞行试验、技术协调、设计定型等工作，也都是在赵殿礼主持下进行的。1994 年和 1995 年，赵殿礼领导有关技术人员进行了两级发动机延长贮存使用期限的研究，研究结果令人信服地表明：贮存使用期可延长一定时间，这一研究成果对节约经费和加强国防力量具有重要的意义，获得了有关方面的好评。

在某型号导弹的研制中，赵殿礼担任了两级发动机系统的主任设计师。他制定发动机研制大纲，针对一系列重大技术问题提出了解决方案。他带领设计师系统的技术人员，将多项新技术、新结构成功地应用在这两级发动机上。发动机多次进行地面试车，没有一次因设计上的原因而失败。该导弹在国庆阅兵式上昂首接受了党和国家的检阅。

对于并非由设计原因造成的失败，赵殿礼如同一个高明的医生，同样能迅速找出症结所在。1995 年，这一急中之急的航天产品型号终于取得了飞行试验三连冠的优异成绩。

1994 年年底，年届花甲的赵殿礼又担任了某战术型号固体发动机主任设计师。这种固体发动机是一块难啃的“硬骨头”。知情人都知道，那是一个经过四年艰苦攻关没拿下来的“瓷器活”。从 1990 年至 1994 年共制造了 37 发样机，可设计状态样机的试验成功率仅为 42%，结论是：该发动机存在着巨大的技术障碍。如今，重新上马，谁还愿自讨没趣？

谁也没有料到，赵殿礼站了出来。这位德高望重的技术权威一登场，立即引来种种猜测：赵总这是怎么了？是“老黄忠”还是“老糊涂”？难道他真有“金刚钻”？

赵殿礼啥也没有，他有一口气。在一次会议上，几位同行带着奚落的口吻说：“你们六院能干大的，精巧的玩艺儿就摆弄不了啦。”一句话把温文尔雅的赵殿礼说得大为光火：“干了这么多年的发动机，什么型号我们都有能力、有信心拿下来！”何况国防建设急需，总得有人挑这个头啊！

设计组一成立，赵殿礼就给该发动机原来出现的“病症”开了两个“处方”。随之，全新的设计方案出台。在15发热试车中，成功8发，失败7发。这战果让设计者们看到了解开这道难题的曙光。

1996年2月，该发动机设计评审通过，3月，标准设计状态下试验成功。然而，随后的极限状态试验却连连失败。设计组在赵殿礼的指导下，开始了复验、解剖和分析工作。一次，他们怀疑一个部件有问题，试验完毕，需要把它的碎片捡回复原，再作分析。这个部件只有暖壶盖子大小，炸成碎片后，最大一片也就像指甲盖大小。时值仲秋，烈日灼人。赵殿礼与同事一起在试验场的荒草中寻找碎片。他手拿木棍，匍匐在草丛里，时而蹲下，时而站起，腰酸背痛时，干脆坐在草丛上找。

老专家的精神似一股无形的动力。设计组终于在工艺加工上找到了产生致命缺陷的原因。1995年9月至12月是该发动机研制工作最紧张的日子，赵殿礼和20多岁的青年技术人员一样，每周有三至四天去30公里以外的南地，到生产试验现场去指导工作。赵殿礼和年轻同事们日夜苦战，边试验边改进，精心做了几十发试验，攻克了全部技术难关。

1996年秋天，运用新工艺的六台发动机试验成功了！1997年底，六院交付的产品经过各项考核试验，全部达到要求。这个难缠的小玩艺儿前后两次上马，花费了六院人八年的时间，可谓六院科研史上一场艰苦卓绝的“抗战”。

这个“硬骨头”终于“啃”下来了，压在赵殿礼心头的那口气终于长长地吐了出去：“我们六院能干大的，也能干精巧的小玩艺儿！”目前这一发动机已大批生产，交付用户，并成为六院新的经济增长点。

人生天平　事业为重

从1962年到现在，40多个春秋如流水般地过去，昔日满头黑发，如今两鬓飞霜。赵殿礼先后主持和参加了十几个发动机型号的研制，曾荣获国家科技进步一等奖一项，部级科技进步一、二等奖各一项，三等奖多项。他作为北京航空航天大学兼职教授，参加编写固体发动机专业教材。他是六院第一批硕士生导师。1986 年，他被中国宇航协会聘请为固体委员会委员。别人羡慕他的成就，他却说："一辈子只做了这么一点事，实在惭愧。"

赵殿礼最看重的身份是四个字：共产党员。他从不忘记自己是共产党员，是新中国成立后党和国家培养的第一代大学生，他认为报效祖国是永远没有止境的。他数十年如一日，执著敬业，忘我工作，全心全意为人民服务，真正做到了毛泽东同志所说的："对工作极端的负责任，对同志对人民极端的热忱。"

过去的许多年里，赵殿礼的妻子和孩子都在农村，一家五口人都靠他那 62 元工资过日子，是研究所数得着的困难户。后来他把家属接到呼和浩特市生活后，日子就更紧巴了，只好又把大孩子送回农村，减轻负担。为了度日，他的妻子到处打零工贴补家用。直到 90 年代，他们家才有了一台 12 英寸的黑白电视机。当领导把困难补助费给他时，他坚决不要。一次趁他出差领导把钱送到家里，他回来后又如数退回。赵殿礼安于清贫，他的心里除了惦记工作，没有考虑过索取什么东西。他真诚地信奉方志敏说过的话："洁白、朴素的生活，正是我们革命者能够战胜许多困难的地方！"

1967 年赵殿礼出差路过江苏省泰兴县老家，正赶上爱人临产，他路过家门也没有回。这似乎有些不近情理，可是了解老赵的人都知道，他就是这样一个心眼儿干事业的人。

有一年，赵殿礼父亲全身瘫痪在床，他爱人又由于过度劳累突发脑血栓，大孩子面临高考，很难抽出时间干家务。大家都劝他先歇几天照顾一下家里。可他一想由他主持的某发动机研制工作正进入关键阶段，大家都没日没夜地加班加点，不能因为自己的私事而影响进度。于是赵殿礼一狠心出差做试验去了，家里的一切都落在了刚上初中的小女儿身上。

1994 年 4 月，某重点型号研制工作会议召开前夕，赵殿礼因冠心病住进医院。这时，工厂急等着按评审后的技术文件加工某型号两级发动机产品。赵殿礼把工作带到病房，专注地倾听技术人员的意见，仔细审查图纸，签批急件。他不顾身体虚弱，又将近两千个问题逐个讨论、审查、研究，最终确定了技术状态，保证设计文件按时下到厂里。

不久，赵殿礼身体尚未完全康复，妻子又突然被确诊为肝癌住进医院，厄运在这个时候降临，他忧心忡忡。41 所领导要他陪护妻子住院。“不行，四复一查正在关键时刻，我放心不下，陪床就让儿子承担吧!”赵殿礼说得坚定、诚恳。十多天后妻子病情恶化，他白天照常在工作岗位操劳，晚上、星期天才在妻子身边照顾她。就是在这种情况下，他还在思考着“固体发动机热结构计算和性能结构优化”课题的细节。当时，他还以一个领导者高屋建瓴的眼光和一个科学家冷静严谨的构思，执笔为六院起草《九五型号与单项技术规划》，描绘固体事业近期发展蓝图。

这一年 7 月，妻子连续五天昏迷，医院下了病危通知单。赵殿礼还坚持上班，参加技术会议。短短几天后的一个晚上，刚刚开完评审会的赵殿礼突然接到了一个电话：“爸爸，快来医院!”这是在医院陪床的儿子打来的，赵殿礼心里突然有种不祥之兆，连忙冲向医院。然而他的贤妻已带着无尽的遗憾永远离他而去了。赵殿礼凝视着那静静躺着的熟悉的脸，悲痛至极。但第二天，他又像平常一样到所里上班，和同事们一起分析试验受挫的原因，直至深夜。几位老同事劝他在家呆两天，他说：“在家总想起她，心里更不好受，你们还是让我到办公室上班吧。”

就这样赵殿礼为了固体事业，为了眼前的重点型号任务，强忍着巨大的悲痛一如既往地投入到工作中。

赵殿礼的精神和品质感染着每一个身边的人。人们都说赵殿礼人生的天平，永远向事业倾斜。他心中只装着工作，装着事业，就是没有他和他的家。

本色生活

赵殿礼评价自己时说得最多的一句话是“我是农村人”。他总觉得，一个农村孩子能到国外学习，还能来到大城市搞尖端研究，就应该知足。正因为朴实的本色，他选择的终身伴侣来自江苏农村老家。他在国外求学的六年时间里，是这位善良的姑娘承担起照顾他父母的义务。他们夫妻俩没有花前月下的浪漫，却相濡以沫地一起走过了几十年。

躲进小楼

“文革”浩劫开始后，赵殿礼一头扎进办公室，默默地进行着研究。就是在这个时期，他在国内某空白项目上获得突破，为型号研制提供了重要的理论依据。这期间，赵殿礼还阅读了国内外许多书籍和技术资料，从中汲取知识，大大开阔了眼界，迅速成长为通晓固体发动机设计尤其是喷管设计的专家。

出差能治病

1994 年大病未愈的赵殿礼到北京出差。办完事，他要当天赶回内蒙古，因为由他负责的某型号研制工作刚刚启动，单位的工作很多。当时的火车票实在难买，赵殿礼就从西直门火车站上了一趟过路车，身体虚弱的他竟然站了一路。进了单位的门，他又立马投入到工作中，如同没病的人一样精神，大家都说好像出趟差老赵的病就好了。

发表媒体：《中国航天报》
发表时间：2003 年 9 月 26 日

刘兴洲：学者本色平常心

赵栋材

• 日军飞机轰炸中国，他，一个年幼的孩子却盯上了天上飞着的那些家伙，由此走上了一条向太空探索的人生路。这步伐，到古稀之年仍不曾停息。

• 经过他与同仁的努力，中国拥有了冲压发动机技术，这样的国家在世界上并不多。来华做报告的美国专家参观了他们的设备，竟然觉得自己的讲稿拿不出手，当即说了一句不全是玩笑的玩笑话："或许该邀请你们去美国做报告了。"

• 搞了一辈子航天，航天事业的艰苦磨砺出了他百折不挠的个性。他常对年轻人说一句话：困难和挫折是个坏脾气的老师，但同样能教会你很多东西。

在连绵起伏的燕山脚下，汇聚了我国飞航导弹设计、研究的一批科技精英，他们经过几十年的艰苦探索，用默默奉献的精神，铸起了中华人民共和国坚固的海上长城。中国工程院院士、航天专家刘兴洲便是其中的一员。作为发动机方面的院士，刘兴洲在艰辛的路上走过了 40 多年，对国防建设做出了突出贡献。他将自己的人生理想融入了对发动机技术的追求中，40 年如一日，保持一颗平常心。每当人们提起他，都对他所具备的这种优秀品格充满敬佩。

少年不志短

出生在天津的刘兴洲 4 岁那年第一次见到飞机，但那是日本轰炸中国的飞机。在随家人逃难的路上，刘兴洲就想，中国也有自己的飞机该多好啊！儿时的刘兴洲用硬纸片剪成小飞机，用橡皮筋弹射，希望它能像真飞机一样飞起来。

1945 年，美国的轰炸机飞过天津上空，日本人对美国的到来极为恐慌，不久美国用飞机向日本投放了两枚原子弹，日本投降，二战结束。刘兴洲再次感到飞机的威力，他暗下决心：我要让中国的飞机飞上天。当时他做的飞机模型已有模有样，配有螺旋桨。

伴随着这个理想，刘兴洲高中毕业了，他毫不犹豫地选择了清华大学航空学院。入学一年后，国家对高校进行院系调整，清华大学航空学院与国内其他几个航空系合并，成立了北京航空学院（现北京航空航天大学）。刘兴洲被划归到航空发动机工艺专业，虽然他没能让飞机飞上天，但他参与研制的发动机却让不同型号的导弹飞上了蓝天。

学习不受扰

年过古稀的刘兴洲在航天领域工作 40 多年了，这 40 多年他的研究经历了由低到高的三个阶段。三个阶段研究的核心只有一个，就是发动机，而刘兴洲一生的苦乐、荣辱也全部系于发动机的研究。

1956年，刘兴洲从北京航空学院毕业，一年后，他同许多科技人才一道，从祖国的四面八方被秘密召集到一个偏僻的地方，开始了当时国内尚属空白的冲压发动机的研制。他的直接领导便是航天老专家梁守槃。

这是他第一次接触冲压发动机，一时摸不着头脑。怎么办？横下一条心：学习。于是他想办法把有用的书弄到手。经过一段时间自学，他逐渐开窍了。当时不仅研制人员少，连最起码的设计和试验条件都没有，他们就从发动机和试验设备设计开始着手。从不懂到逐渐掌握，后来慢慢地，他也可以向年轻人传授经验了。

1958年“大跃进”开始了，航天科技人员也一样被卷进了“革命洪流”。刘兴洲和他的同事们白天搞运动，写大字报、炼钢铁、比赛诗歌，晚上搞设计。他们经常通宵达旦地工作，谁也不肯回去。有一次，刘兴洲拉着拉着计算尺竟毫无知觉地倒在地上睡了过去，那时全凭精神力量在支持，他们硬是在十分简陋的条件下建成了当时亚洲最大的发动机试验台。

1961年至1965年刘兴洲被派到苏联学习。1965年，回国的他满怀抱负，准备大干一场，但谁也没想到，仅仅一年之后，“文革”开始了，科研生产陷于瘫痪。在那混乱的日子里，刘兴洲与同事们冒着政治压力和人身迫害的危险，坚持进行了100多次试验。在当时的情况下，担任研究室主任的刘兴洲不久也靠边站了，他不愿大好时光就这样白白流走，于是牵头组织了七八个人，用了一年左右时间，将俄文版的《冲压发动机与火箭发动机原理》一书翻译成中文，这本书后来成为研制冲压发动机经常被参考的重要资料。

攻关不畏难

粉碎“四人帮”后，科学的春天真正到来，再也没有了干扰和阻挠科学进步的动乱因素。刘兴洲放开手脚，将全部精力投入到冲压发动机的研制工作中。他参与组织了某型号的全弹试车。在领导的支持及全体技术人员的通力合作下，他们制定了详细的全弹试车技术方案，按日排出了计划进度，试车台日新月异，进展神速。作为现场技术指挥，刘兴洲在试车台前竟连续工作了50多个小时。三四个月的齐心努力，换来了全弹试车的成功：冲压发动机工作可靠，弹上各系统工作协调，全弹试车为以后的飞行试验做了重要准备。

经过多年的努力，以刘兴洲为代表的科研人员攻克了低温启动、提高燃烧效率、火焰稳定器烧蚀等关键技术，研制成功了两种型号的低空超声速冲压发动机，填补了国内空白，该项成果获得了国家科技进步一等奖。中国成为世界上少数拥有冲压发动机技术的国家，装有冲压发动机的低空超声速飞航导弹也获得了飞行试验的成功。美国冲压发动机专家应邀来我国讲学，参观了刘兴洲他们的生产设备后，觉得自己的讲稿拿不出手了，当即风趣地对刘兴洲说："或许该邀请你们去美国做报告了。"

1992年，年近花甲的刘兴洲已是两鬓染霜，国家重点新型发动机的研制任务又落在了他的肩上，他以充沛的精力和加倍的努力开始了新的征程。

从部件的设计、生产到串装、试验，他都悉心指导，精益求精。外协件质量控制是个难题，腿脚不好的刘兴洲和年轻人一样东奔西跑，每到一处他都是一下飞机、火车就直奔生产现场。在进气道研究中，他提出了新思路，经过了反复的设计和试验，使得产品性能达到了国际先进水平。研制进入关键阶段，他又提出扩大合作，借用院校力量加强研制工作。同事们都说刘兴洲是一部"清障车"，每当研制道路上出现了"拦路石"，工作受阻，刘兴洲总能利用自己的学识及时清除。

说起刘兴洲，和他一起工作的同事，无论老的少的都会不约而同地竖起大拇指。在技术会上，大家总是为了一个技术问题吵得昏天黑地，可一旦刘兴洲一二三条地总结后，马上有了结果，统一了大家的思路。刘兴洲很忙，他的日程总是排到几个星期外，常常是几个单位、几个人同时等着向他汇报，他就像一个超级象棋大师，挥洒自如地同时下几盘棋，妙招频出，指挥若定。

士兵成长为将军，要经过战场的考验。从大学毕业生到中国工程院院士也要“身经百战”，刘兴洲就是在科学试验中，在一次次解决技术难题中逐步成为发动机研制专家的。

授业不保留

刘兴洲从1983年开始带研究生，他对带过的十多个学生要求都很严。不仅教他们专业知识，还教他们学习的方法和做人的道理。他将自己终生的学习体会传授给学生，就是先将厚书读薄，再将薄书读厚。他经常教育自己的学生，不要好高骛远，不管做什么都要塌下心来做，做出成绩，不虚度时光。他的学生中，有获得德国红堡奖学金的，有论文获奖参加国际会议的，众多的弟子扎根航天，很大一部分成为技术上的骨干。

“刘老师像一本打开的书，对我们毫不保留。”这是学生们对刘兴洲的一致评价。选择论文题目对研究生非常重要，刘兴洲总是在繁忙的工作中抽时间与学生认真研究推敲，题目确定后，他又用自己的学识和经验帮助学生论证，无私地提供大量研究数据和成果。有位学生在确定课题时，刘兴洲建议他把题目集中在“侧面突扩燃烧室冷态流场可视化研究”上，并指导他用二元模型方法显示流场，这位学生采纳了老师的建议后，该论文在1993年维也纳国际宇航协会年会上发布，受到各国专家的好评。

在刘兴洲的倡导和主持下，北京机械动力研究所先后举办了十多届青年科技论文报告会，产生了一批具有应用价值的成果，也使一大批青年科技人员脱颖而出，成为科研生产的骨干。刘兴洲担任《推进技术》杂志编委会主任，该杂志最近获得百种中国杰出学术期刊称号，连续13年被《美国工程索引》（EI）、《国际宇航文摘》（IAA）和《化学文摘》（CA）所收录。

奋斗不言老

从1987年至1997年，刘兴洲院士曾担任国家“863”航天技术领域专家委员会主题专家组成员和专家委员会委员。在经过广泛的调查和研究论证的基础上，他和专家组一起提出了我国以载人飞船起步，以空天飞机为发展方向，模块式地发展我国大型运载火箭和天地往返运输系统的建议。

当年钱学森曾说过，奋斗50年，发挥航空航天的优势，中国的空天飞机是有希望的。这是一项需要大资金投入的工程，刘兴洲根据我国的实际情况又提出了他主张的具体研究方向：研制要从小到大，从无人到有人，声速从低速到高速飞机，直到空天飞机，逐步实现中国先进的、可重复使用的天地往返系统研制计划。

研制高性能发动机是以上所有计划的基础。1998年，由刘兴洲院士倡议，在北京召开了全国范围的有关技术研讨会，会上形成了一份专家建议书。这份建议书受到有关领导的高度重视，并组织多方面专家对这份建议书进行了技术论证，从此高性能发动机的研制进入了实质阶段。

老骥伏枥，志在千里。刘兴洲又将面对新的“拦路石”的挑战，在古稀之年，他知道自己虽为老者，但他为发动机事业而奋斗的历程将继续下去。

发表媒体：《中国航天报》

发表时间：2003 年 12 月 19 日

毕生精力献国防

——记国防科技工业技术能手毕国政

曲　芳

背景资料

毕国政，男，汉族，山东人，1947年8月出生，中国航天科工集团二院699厂68车间特种钎焊工，主要从事铝波导器件的空气炉钎焊、高频钎焊、手工火焰钎焊、真空电子束焊接等工作。这个工种需要熟练掌握铜材、铝材硬钎焊技术，对复杂型腔、高精度的微波器件焊接有独到的处理技巧。毕国政为了提高钎焊性能，开发研制了多种新型的钎剂、钎料，开发出多种焊接工位、工装，研制出多项焊接新方法。多年来毕国政负责完成了多项军品型号的焊接任务，其中绝大部分是攻关项目。毕国政工作成绩突出，获多项技能奖励和荣誉称号。

“‘国防科技工业技术能手’是一个什么级别的奖项啊?”“我们的奖有全国的、国防的、航天的，如果说全国的是副教授级的话，那么这个国防级的就相当于副教授了!”一个老师傅告诉我。“一个初中毕业的老工人＝副教授?”我带着种种疑问去采访了本篇的主人公——国防科技工业技术能手获得者毕国政。

初次见面，毕师傅的眼镜就吸引了我，在镜片的 2/3 处，有一道明显的痕迹，“上面的度数浅，下面的度数深，我平时用上半片，工作时用下半片，工作对眼睛的要求很高，医生不让我带，怕我下楼时摔了，可没办法啊!”毕师傅听说我要采访他，这位已近花甲之年的老人露出了腼腆的笑容，举手投足间，流露出一种从象牙塔中走出来的翩翩学者风采。

“只要想干，都能干得出来”

毕师傅生长在一个海边小城，看到他获得的一大堆奖项，我不禁怀疑是不是博大精深的大海给了他过人的天赋，然而毕师傅却说，人的智力水平都差不多，关键看你想不想干，想干就一定干得成。当年，大家都说国外的技术先进，可毕师傅就是不服气，都是

人，凭什么他就比我们强呢？就是凭着这股不服输的精神，毕师傅为解决某项生产难题，和北大师生组成攻关小组，风雨不误地和学生们一起听课，回来后就不分昼夜地一头扎进工厂，反复试验，验证理论。就在唐山大地震的第二天，狂风暴雨，毕师傅和课题小组成员为了解决一个问题，跑到北航去请教当时国内焊接领域的权威。老教授似乎并没有被毕师傅的诚恳所感动，“我们已经试了很多回了，根本不可能！”就一口回绝了。毕师傅并没有被困难吓倒，没资料，他跑遍北京大大小小的图书馆；没工具，他想方设法利用现有的东西自己做，经过不知多少个日日夜夜，开发出新型的钎剂、钎料。129A 钎剂质量优于瑞士 190 钎剂，171 系列钎剂质量优于苏联 34A 钎剂。这些研制马上应用于同步卫星天线的生产，给 699 厂带来了很高的效益。同步卫星天线的铝钎焊性能优良，1980 年获国防科工委重大科技成果三等奖，1987 年获国家科技进步三等奖；129A、171 系列铝钎剂研制成功，1984 年获国防科工委重大科技成果三等奖；1984 年获国防科工委重大科技成果四等奖。

“毕师傅在工作中不仅有一种不服输的精神，更可贵之处，在于他特别肯动脑筋，肯想”，一位和毕师傅共事多年的工人这样评价他，还给我讲了一个故事：有一次，车间新引进了一种设备，膛内温度不均衡，里面热，外面冷，结果焊件一进去，靠里面的过烧，靠外面的还没焊好，毕师傅知道后，就给焊件在里面一头穿上“棉袄”，在外面一头的预热，结果这个问题就被轻松搞定了。类似的小改小革还有很多，研制成功汽油雾化器，获航天部技术革新三等奖；研制成功马弗炉钎焊小车，获航天部技术革新四等奖；获二院“合理化建议和技术进步”、“四小发明”一等奖、二等奖等多项奖励。

“一个脑袋一个瓢，装多少是有限的”

从一名初中毕业生成长为一名国防科技工业技术能手，又没有过人的天赋，毕师傅坦言是和自己的“专”分不开的，一个脑袋一个瓢，装多少是有限的。毕师傅是焊接领域的行家能手，却是扑克、麻将领域的傻子，逢年过节，亲戚朋友们叫他玩两把，毕师傅都婉言谢绝。我不禁想起了英国的福尔摩斯，中国的陈景润，也许优秀的专业人才是有共同之处的。毕师傅专而不腐、不迂，他特别地讲求学习方法，他认为每个人都有自己的特长，都可以成为你的师傅，一定要留心观察生活，虚心向每个人学习。向生活学习的同时，毕师傅更注重书本理论的学习，然而他对书的态度却是与众不同，他认为根本不用把书上的知识全记住，只要用的时候知道在哪里去找就行了，而且看一本书的价值，不是看你看了多少，而是看你用到了几条。

“她还在埋怨我”

毕师傅，三岁丧父，七岁丧母，兄妹四人全由叔叔婶婶带大，在那个艰苦的年代，叔婶用尽微薄的工资，竭尽所能地供养他们。毕师傅非常地感谢他们，一直亲切地称他们为爸爸、妈妈，本想在自己有了一定能力的时候好好孝敬他们，可当他有了一定能力的时候，却因为工作的繁忙没有时间守在父母床前，不得已将瘫痪在床的父亲、体弱多病的母亲和呀呀学语的两个孩子全交给了善良的妻子。提到这些，毕师傅的愧疚之情溢于言表，“女儿高考那年，恰逢某重点型号攻关，我每天没有12点回不了家，女儿问我报什么，我没有时间仔细考虑，就随便点了一个，结果产品保节点保周期地出来了，女儿却高分走了个不理想的学校，虽然现在女儿干得也不错，可提起来，她还在埋怨我！”

“我是一名工人”

在当今这个高速的时代，“跳槽”已经是一个我们熟的不能再熟的名词了，当我们自以为在不停的流动中寻找着自己人生的最佳位置，成就一番事业时，毕国政，这为已过天命之年的航天战线老工人却在一个岗位上执著地追求了40年，他为了什么呢？以他的技术到企业去，不是可以拿更多的钱吗？毕师傅看出了我眼里的困惑，“呵呵，我们这一代接受的教育和你们不同啊，对于工作、钱的观念也不同了，环境变了，你们的想法我也能理解，可我作为和中华人民共和国一同成长的一代人，我亲身经历了三年自然灾害，经历了文化大革命，我深刻体会到什么是贫穷，什么是落后，什么是航天人的责任。至于钱，物质需求，刚进厂那会儿，我1米7多的个子，只有80斤，测脉搏根本不用摸，脱掉上衣可以清楚地看见心脏的跳动。婚后，四口人挤在八平米的屋子里。现在的条件我已经很满足了，总之，我就认定了我是一名工人，一名航天工人，我爱这一行，我能干好，干好也是我的本分。”毕师傅的话让我不禁想起了一位哲人说过的话，人的第一要务是回到“我是谁，我能干什么”，然后做真实的自己，才能享受快乐的人生！毕师傅可能没有精辟的语言，可他却用行动深刻地诠释了这一点，在平凡的岗位上成就了自己的事业和快乐的人生：曾获国防科工委“五好职工”；1996年获航天技术能手称号；1998年获航天技能大奖；2001年获国防科工委“有突出贡献中青年技术专家”称号。

采访结束了，毕师傅站起来，一边热情地向我介绍买眼镜的地点，一边把椅子放回原处，临出门时，环顾了一下四周，关了灯，锁好门，“该省的，还是要省的”。也许再多的言语来描述这位老工人都是多余的，这一系列的细节早已将这位毕生精力奉献给国防事业的老工人刻画得惟妙惟肖了！

发表媒体：《航天人才》

发表时间：2004年1月1日

沈忠芳：前方总有好风景

韩　宁

• 倾听他诉说自己的经历，总能从中感受到跃动的活力；翻开他的简历，会看到很多"首次"、"最先"这样的字眼。

• 谈到他的型号、试验、队伍，他神采飞扬，言谈举止间率真性情总是不经意地流露，让你不知不觉就被感染。

• 从他身上，你能感觉到故乡上海赋予他的浪漫气质，也会感受到作为一个航天老专家的真挚爱国情怀和孜孜以求、严谨务实的作风。

中西兼学　少年启心智

20 世纪 30 年代的上海是当时中国半殖民地半封建社会的典型代表。1934 年，沈忠芳出生于上海的一个小知识分子家庭，父亲是一

家英资造船厂的职员，母亲在纱厂做工。1937 年 8 月 13 日，上海爆发了淞沪抗战，一家人舍家逃难，度过了辗转流离的两年。1939 年回来，家已经成了一片废墟。开明的父亲把家人安顿好后，就把不满 6 岁的沈忠芳送到了上海启明小学读书。两年之后，他随家搬迁，转学到一家私塾。在先生抑扬顿挫的朗诵声里，沈忠芳开始了他的教育启蒙。孩提时代的他十分聪颖，很多诗篇可以过目成诵，但他也像其他男孩一样，很淘气。有一次先生在课堂上竟然昏昏沉沉地睡着了，沈忠芳马上带领小伙伴拿笔墨给先生画了个熊猫眼。

之后，他在上海包斯高中学度过了中学时代，接受了 6 年教会学校的教育。他学得很轻松，每次考试总能名列前茅。数理化成绩突出，语文、英文成绩也很出色，唯独对《圣经》之类的课程不感兴趣。学校规定学生信教便可减免学费，但沈忠芳的信仰不在这方面，他不愿因为优惠的政策而改变内心。

优秀的传统文化、丰富的自然科学知识——中西合璧式的教育构建了他的知识结构，也塑造了他独立的个性。

战机轰鸣　唤起爱国情

一边是租界里的灯红酒绿，一边是百姓流离失所的逃亡生活，帝国主义的横行与中国人水深火热的生活形成了鲜明的对比，这在少年沈忠芳的心底打下了深深的烙印。1950 年 5 月 27 日上海解放。国民党撤到台湾之前，对上海进行了“二六”大轰炸，当时规模很大的杨浦发电厂也被炸得面目全非。飞机在头顶嗡嗡盘旋，当整个上海笼罩在惶恐不安中时，苏联协助保卫上海的战机画着优美的弧线滑过上空，将国民党的飞机打得落荒而逃，这一幕给沈忠芳留下了深刻印象。1953 年高中毕业时，他看到报考目录上有北京航空学院，战机嗡嗡声又在他脑海里作响，他毫不犹豫地填上了这个志愿。

1953 年 10 月，沈忠芳进入北京航空学院读书。那时的北航刚成立，一切都在建设中，只有两个系四个专业。沈忠芳选择了飞机设计专业，他梦想着有一天自己亲手设计的飞机也能像苏联战机那样神气地战斗。当时学校有从苏联引进的比较成熟的教材和一批从西方留学归来的名师。严谨的学风、浓厚的学术氛围，使沈忠芳在专业上打下了良好的基础。他基础扎实，每门课程都能拿到 4 分以上，解析几何更是次次 5 分。在每学期高达十几门课程的重压下，他踢足球、游泳，各种活动一点都不耽误，日子过得丰富充实。四年级时，学校成立了火箭导弹专业，这个专业如同一个磁场对沈忠芳产生了巨大的吸引力。经过了政治背景、学习成绩的层层选拔，沈忠芳顺利转入这个专业，这对他后来坚定地踏上航天征程产生了重要作用。

艰难岁月　越干越热爱

1958 年 10 月，沈忠芳大学毕业被分配到当时的国防部第五研究院二分院二中队工作。二院刚刚建立，一穷二白，处于“边建边干”的阶段。艰苦的条件没有削减他的热情，用他的话说：“越干越热爱”。他开始感觉到学校所学的东西是远远不够的。白天工作，晚上就捧起厚厚的书本如饥似渴地补充知识。他贡献出了聪明才智，工作也回报他以丰硕成果。第一代防空导弹研制中，他作为主要技术负责人之一，在技术上取得重要突破，成果被后续的型号广泛应用。在中低空防空导弹的早期研制中，他又最先倡导采用新体制，开辟了制导新途径。

1966 年，“文革”来了，正常的科研生产秩序被打乱。时任研究室主任的沈忠芳也难逃此劫，被戴上“资产阶级小权威”、“修正主义苗子”等一大串帽子，被戴高帽游街。挨完批斗，他照样扑在工作上，满心想的都是他的型号，怎样利用一切可能将工作向前推进。1970 年到 1979 年近十年间，在他的带领下，他所负责的型号在很多方面取得重要成果，并经 4 次飞行试验考核验证。其中 3 项成果荣获 1979 年的全国科学大会奖。

科学的春天打破了桎梏，也放开了他的手脚。在当代新型号研制中，他担任总指挥，3 年突破多项关键技术，取得重大成果。

五个首次　创造新神话

在单位里，沈忠芳那股敢闯敢干的劲头是出了名的。正因如此，他才能破除阻力不断前行。1986 年，他开始担任某型号总指挥。经过充分论证，他带领一班人提出新的方案，这是从来没有过先例的。方案遭到一些人的反对，有人说："从来没见过这种路子，出了问题你们担得起吗！"沈忠芳没有退缩，他坚信研究方向是正确的，他们多方搜集资料来论证方案的可行性。在一篇资料中他们发现，这一思路与美国同行的研制思路竟不谋而合，美国在这一领域的技术先进性是公认的。沈忠芳想：有戏！他没有放过这一有力证据，又对可行性报告进行了充分的补充、完善，最终通过了评审。队伍组建了起来，又开始为经费发愁。他们向院里借了 200 万，又向当时的航天部借了 250 万，开始了研制工作。队伍内部思想不统一，再加上技术难度和经费不足，几乎使研制工作停顿。1989 年第一次试验没有成功，更是雪上加霜，一度使他们的研制工作进行不下去。很多人劝他别冒这个险了，否则连借来的经费都还不上。

“我当时信心很足，我们的方案是经过科学论证的，找准了方向，就一定要坚持。”提及当时的情景，沈总的语气仍是那么坚定。

沈忠芳顶着巨大的压力，总结经验教训，调整工作思路，组织人员对试验数据进行深入分析，花费大量的时间与心血改进、优化设计。科学是最好的引路明灯。1990 年的一天，他们进行了该型号的一个标志性试验，导弹沿着既定轨迹精确击中目标，爆出的美丽火花，让沈忠芳和他的队员们心花怒放。沈忠芳带领他的队伍过五关斩六将，越打越漂亮。成功折服了众人，也告慰了走过数个春夏秋冬，为此付出艰辛的同事们。

在该型号鉴定报告中，专家鉴定组连用 5 个“首次”高度评价了该型号的先进性和独创性。用户也在意见书中写道：“该型号自研制到全部交付完毕，这样大批量的产品，仅用了 5 年的时间。速度之快，解决关键问题之多，在国内型号的研制中实属罕见。”

沈忠芳用实际行动赢得了肯定、敬佩与赞叹，也赢得了国家授予的荣誉。1995 年，该型号产品获得国家科技进步二等奖。

经过继续的改进、发展，2002 年，该型号换代产品获国防科工委科技进步一等奖，继而又获国家科技进步二等奖。

关键时分　一语定乾坤

沈忠芳的坚决果断给人留下深刻的印象，然而这坚决正是他冷静分析的结果，这果断也源于他作为型号总指挥的高度责任感。交谈中，沈总还谈到他记忆深刻的一次发射。这是一次演示给用户看的试验，成败关系重大。导弹待发的那一刻，每个人都屏住了呼吸。随着巨大的一声轰鸣，导弹升空了，紧接着，发生了意想不到的一幕：导弹没有按设计的弹道向前飞行，反而垂直爬升向回飞，接着爆炸自毁了。在场的人都惊呆了，经验丰富的沈忠芳当时也愣住了，他也从未见过如此奇怪的现象。第二发打还是不打，刻不容缓！沈忠芳没有犹豫，立即命令作好第二发弹发射准备。很快，第一发失利原因也初步分析出来。当时合同已经签订，大家都捏了一把汗，如果第二发不成功，丢面子不说，钱也赔不起啊。沈忠芳显得异常冷静："第一发是装订错了，才按照错误的轨道运行，这恰恰说明我们的弹没问题。"他果断地一挥手："接着打！"导弹喷着鲜红的尾焰升腾起来了，在场的人员一分一秒地数着时间——"成了！"雷鸣般的掌声与欢呼声将他包围。

"您当时真的不怕吗？"笔者问道。

"我非常有信心，再说，大不了摘了我的乌纱帽呗。"

放眼长远　型号"钢琴家"

从副所长、总师到副院长、总指挥，沈忠芳有着多个型号工作所积累的丰富经验和深厚的技术功底，深得管理之道。他正如一个钢琴演奏家用娴熟的手法去敲击每个琴键，奏出美妙和谐的乐曲。沈忠芳在型号队伍的管理中不仅致力于在技术方面保持先进性，更注重营造型号队伍里一种内在的文化，以保持源源不断的活力。在他的带领下，型号队伍中引进项目管理模式，建立了健全的规章制度和严格的程序，形成并积累了独特的型号文化。"以法治研，以德治研；有法成方圆，有德众望归"的管理理念，项目开发研制工作的四个原则、四个精神、四个工作作风，无不体现了"文化"的力量。"任务明确不糊涂，责任落实不推诿，管理到位不越位，加强调度不包办，协调及时不拖拉，信息反馈不截流，狠抓质量不放松，严格验收不讲情，监督考核不马虎，奖惩落实不食言。"这朗朗上口的"十不"原则出自沈忠芳之手，而每个型号队伍成员也烂熟于心，付诸实践。

说起沈忠芳对于型号发展的高瞻远瞩，副总指挥许晨很有感触。沈忠芳从不安于现状，尤为可贵的是，当型号在顺境中蒸蒸日上的时候，他就开始居安思危、放眼长远，冷静地提出了长远的规划和科学的发展布局，预测和发掘市场潜力。这样，型号才形成了今天几代产品良性互存、研制生产并进的合理格局。

沈忠芳非常欣赏惠普公司首席执行官卡莉·费奥瑞纳的一句话：一个领导能够带来的最大品质就是有愿望、有能力释放别人的潜力，帮助其他人实现他们认为实现不了的东西，帮助别人看到自身的潜力。因此他总是能用人所长、避其所短，创造一切机会给技术人员进修、提高，大力推举年轻人到重要的岗位上磨练。职称待遇、衣食住行，对于个人的合理要求，他都尽可能帮助解决，让每个人的价值得到充分体现。沈忠芳的“德”与“能”是凝聚型号队伍的重要力量。

在型号的发展中他总是眼睛向前，时刻关注着国际先进技术的前沿，不断寻求突破，坚持基本型、模块化、系列化发展的路子；在研制中，他又能时时防止急躁冒进，提倡把可靠性放在首位，坚持采用成熟技术，采用先进技术或技术改进时，必须坚持经过充分的地面试验验证等原则，保证研制的成功率。在科学的道路上，他不但是一位专家，也是一位哲人，能恰如其分地把握好这个“度”。

流年似水　恬淡度余暇

每天忙于工作，他的闲暇很少。一有空闲，他喜欢静静地读书，历史书、诗词、传记、武侠小说都爱看。他拿出一个本子，那上面工工整整地抄录着许多他喜欢的诗词，还有他自己即兴作的诗。受父亲影响，他喜欢看看有关佛学的书籍。他说，佛教的教义中有很多富有哲理的东西。他在荣誉与地位面前的那份淡泊与超然，大概与之很有渊源。

“为祖国健康工作 50 年”，这是当年北航大力提倡的一句口号。已到古稀之年的沈忠芳，到 2008 年，就在他钟爱的航天事业中整整工作 50 年了。他说：“实现这个目标应该是没问题的。”

发表媒体：《中国航天报》
发表时间：2004 年 10 月 29 日

蔡淑华：坚定的信念锻就壮丽人生

韩　丽

与祖国第一代舰舰导弹一起成长，因为业绩突出，曾经走上全国三八红旗手的领奖台，接受过国家领导人胡锦涛的亲切接见，蔡淑华在航天战线上创造着她人生一轮又一轮的辉煌。风风雨雨 40 年，对航天她有着一种特殊的感情。都说航天是集体的事业，蔡淑华也经常这样说，“工作都是大家做的”。面对荣誉，面对记者的追问，她总会微笑着说：“你看，这活都是大家一起干的，不要只说我一个人。”

“蔡总很随和，但遇事很果断、有魄力，是那种波澜不惊的人。”这是试验队的年轻人对她由衷的评价。

1965 年，刚被分配到三院工作时，踩着镇岗塔下不成街道的小

土路，蔡淑华也满心欢喜，那时她有一个朴素的信念：能到军工战线工作，这是党对我的信任，是无上光荣的，自己一定要把工作干好。

70年代末，文革的阴影还没有散去，蔡淑华便一心扑在工作上，决心要把耽误的时间补回来，大干一场。当时，三院决定开展小型弹的研究，战术指标瞄准的是法国的“飞鱼”。确定某艇为该型号发射平台后，指挥仪和舰上火控系统的研制任务落在了蔡淑华肩上。她心想，这是三院自主研制的第一型导弹啊。我作为火控组组长，无论如何也要啃下这块硬骨头，不能因为自己误了大事。

每天微曦初露，蔡淑华他们就早早跑去资料室，争分夺秒地查资料，一坐就是一整天。当时能够找到的技术资料少得可怜，仅有的都是从苏联引进的一些关于上游一号的翻译图纸、说明书，资料又破又旧，在发黄的图纸上他们如饥似渴地摘抄、消化着有关技术。

到外地考察，在那个年代简直就是做苦工。火车票很难购买，出奇地紧张，为了赶时间买不到坐票也得去。有一次去江西，车厢里挤满了人，蔡淑华和同事们愣是站了二十多个小时。

经过调研、消化资料，一个充分利用快艇原有设备改装导弹火控系统及导弹指挥仪的方案在她脑子里形成了。随后的设计工作更是紧张，几百根电缆芯线设计不能有丝毫差错，如何利用模拟机完成导弹的火控解算、数学模型如何简化而又能保精度，如何完成模数转换，国内模数转换技术刚刚起步，仅有的几种产品也因为体积过于庞大，无法满足装艇要求。怎么办？自己干！蔡淑华又带领大家查阅资料，认真研究，最终确定了一种采用先进电子技术的模数转换方式。

那段时间，他们既当设计者，又当制造者。第一个机箱是她们学会了焊接技术、自己制作的，电路板也都是她们自己调试的。经过几个月的日夜奋战，一套高可靠性的装艇导弹指挥仪终于研制出来了，以零故障保证了该型导弹以后的研制和定型飞行试验。

那年夏天，为了把一年半的任务赶在上级规定的一年时间完成，攻关组在海上先后漂了 4 个多月。做航行试验，试验船常常要赶到风大浪急的时候去，几乎所有的人都严重晕船，先是吐刚刚吃下去的东西，然后是吐不知从哪分泌出来的液体，最后连胆汁也吐出来了，很多女同志实在受不了了，跟大伙说："真是不想活了，还不如晕过去算了。"可是，即使这样，他们还是打起精神坚守在岗位上，一干就是一天。有时候，蔡淑华觉得任务能排得开，就对其他同志说："你们去休息吧，我在这儿看着"，可是，为了这句话，她付出的代价，只有她自己知道——满脸煞白，浑身乏力，呕吐的感觉时时涌上来，船体倾斜得厉害，就找来一根绳，把自己绑在设备上继续做试验……一般人，有过一次类似的体验就够了，可是蔡淑华却与大大小小的舰船打了一辈子交道，这需要多么大的勇气和毅力啊！

回忆起在各种大大小小的舰船上做试验的日子，蔡总和队员们都忘不了在湛江那 40 多天难熬的日子。一个热天连着一个热天，除了闷热还是闷热，进了基地的大门，就没有走出去过，整天除了工

作，剩下的就是与一种被当地人称为“小咬”的小蚊子作无休无止的斗争，男同志的背上全都中了“弹”，被咬得一个红包连着一个红包，蔡淑华的脸上身上也红成了一片，整个人就像肿了似的，痛痒难熬。从那以后，就闹下了一热就起小红疙瘩的病根。在甲板上，头顶是太阳，暴热，在船舱里，空间狭小，是闷热，一热，小红疙瘩就印满了全身，谁没有过被蚊子叮咬的经历，那钻心的痒，一时都忍不住，可是，蔡总一忍就是几十年，到今天，这浑身过敏的毛病也还没治好，她也从没向别人提起过。

我们的老院长姚绍福院士是蔡总的直接领导，曾经私底下开过玩笑，“小蔡不简单嘛！潜艇艇长和战士在背后叫你‘撒切尔夫人’呢”。事实证明，这个航天“铁娘子”能吃得起苦，也挑得起担子。

1998 年 10 月 30 日晚，对蔡总来说又是一个不眠之夜。过去的一年，有强国弹之称的某导弹研制工作连连受挫，研制进度严重拖延，国家要求，年底前一定要完成某型导弹的定型试验。研定结合，这在三院研制史上是破天荒的。第二天，设计定型试验的第一发弹就要进场了！蔡总当时还是型号总师助理，作为型号代言人，白天与用户方激烈的交涉还留在她脑子里，用户对这发弹能不能进场还在怀疑，蔡总据理力争，坚持说，“有把握，就一定要打!”故障定位了，问题都搞清楚了，整整做了两年的归零工作，为什么不能打？

第二天，从我国某试验基地传来喜讯：某导弹飞行试验取得圆满成功。

这是三院人扬眉吐气的日子，卧薪尝胆，努力拼搏，整整两年的全面整顿，三院人用行动证明了自己，证明了飞航人也能造出与国际上最先进的反舰导弹相媲美的导弹武器。

2000 年，蔡总走马上任某空舰导弹的型号总师总指挥，国家对这一改进型号的期望很高，进度要求极为严格，队伍里有的同志都开玩笑说，“这简直就是不讲理的进度”，大家压力都很大，可是他们牢骚归牢骚，心里却并不着慌，因为是蔡总负责的任务，那就一定没问题。大家心里都清楚，蔡总是一个心里有数的人。作为技术和行政的双重负责人，蔡总更忙了，她不是在办公室，就是在一线，每天一干就是十六七个小时，甚至在非典隔离区，她也把队员们组织起来，半天学技术，半天运动休息。2004年，该型导弹仅用了短短四年时间就完成了型号从批准立项到设计定型飞行试验的全部研制工作，成为全院研制进展最快、成功率最高的型号。

谈起近几年型号试验的甘苦，既是学生又是晚辈的型号副主任设计师李风雷深有感触：跟蔡总这样的领导干，对我们的队伍和自己的成长都很有好处。导弹从立项、方案论证，到设计、试验、发射，她参加了全过程。技术上的事，大大小小，她全装在心里。她的技术思想和民主作风对我们既是鞭策，也是财富。试验队的党支部书记分析起这支队伍成功的原因，话语总会定格在蔡总身上。一支优秀的队伍必定要有一个核心，蔡总绝对是这样的核心。

在40年的科研道路上，从工程组组长到型号总师，60多岁的年纪了，蔡总还坚持与队员们一起做试验，观察数据，有时一熬就是一个通宵。遇到具体问题时，她总是鼓励队员们多想办法，多出主意。她喜欢帮助人是试验队公认的。冬天，零下十几摄氏度的气温，外协单位的飞机挂架故障，她发现是挂架线路焊接出了问题，就赶紧叫队里的焊接工人帮忙修理，而她自己一直站在挂架下盯着。

作为一名女领导，蔡总用女性特有的细心，体贴、爱护着身边的每一位同志。她从不指责人，试验队的小年轻们说，跟蔡总商讨问题，不会紧张，也不用思前想后，因为她总是笑眯眯的，感觉很亲切。一位搞测试的技术人员说，测试数据时，我有时站累了，在一边坐着休息一会，蔡总就会过去盯着数据，她盯的时间比我还长呢。

用真心去关心人，用真诚去对待人，这就是蔡总对如何做事、如何做人的理解。生活中，蔡总是个贤慧的妻子，她会给丈夫、孩子织毛衣；她还是个充满爱心的好妈妈，70年代拿着一个月四五十块钱的工资，要看上黑白电视简直是奢望，那段时间每当夜深人静，孩子们都睡着的时候，她就用买来的便宜零件自己动手组装了一台电视机；闲暇的时候，她会让女儿开车接送，和丈夫一起去公园散步。可是，这种时候能安排进蔡总时间表里的，却总是屈指可数的几回。因为工作，三部建了托儿所，她第一批就把孩子送了进去。孩子住院几天，她跟爱人轮流照看，当时自己手头正在搞一个课题，她就一边看孩子，一边在病房里研究资料。

有一次，女儿第二天就要高考了，蔡总正要去参加外场试验，一大早，她对女儿说，“你跟我的车一起走吧，到学校去正好顺路。”可是，为了赶时间，车子开到了半路，蔡总就让女儿下车了。高考正是流火的七月，到学校去，还有很远的路，女儿一个人要走很远的路，万一中暑了怎么办，万一出点事，蔡总不敢往下想，又不得不想，她毕竟是一位母亲啊。人心如秤，有哪个做母亲的忍心在这当口丢下孩子不管，可是，蔡总心里的天平还是偏向了事业一边。

大家都说，现在的科研界自甘清贫寂寞的时代过去了，追逐名利的人多了，默默奉献的人少了，可是，在蔡总身上，我们分明看到了一个真正的航天人为祖国的国防事业苦在其中，乐在其中的真挚情怀！

有人给蔡总做过这样的计算，一年365天，有250多天都是在靶场、外地或飞机火车上度过的。一天有24个小时，除了吃饭睡觉，几乎每天工作的时间都在十几个小时以上。问她觉得辛苦吗？一向内敛的她却表现出了少有的自豪神情，“我跟你们不一样，我们是经过很多劳动锻炼的，体力好！”所有的付出，所有为组织大型试验“提心吊胆”的经历，蔡总总是会用这样的解释来“搪塞”——“我体力好，心态好，没想过那么多。”

在蔡总的思想汇报中有这么一段话：我不是空想主义者，作为一个共产党员要把坚定的共产主义信念与脚踏实地地做好本职工作结合起来，自己在这方面要尽力去做。蔡总是这么去想，也是这么去做的。

发表媒体：《中国航天报》
发表时间：2005 年 3 月 25 日

杨永江：广厦丰碑

袁　萱

1998 年 11 月，杨永江担任陕西航天建筑工程公司总经理。几年来，公司的管理水平显著提高，经济效益明显上升，职工收入大幅增加，企业全面建设迈上了新台阶。2004 年，陕西航天建筑工程公司首次荣获国家建设工程质量最高奖鲁班奖。他个人获得了中国优秀企业家、中国航天科工集团公司劳动模范、航天建筑设计研究院优秀干部、西安市优秀企业经理、中共陕西省国防工委优秀共产党员、优秀思想政治工作者等荣誉称号。

创建精品工程

质量是企业生存的根本，是企业永恒的主题。杨永江始终坚持把质量管理放在首位。1999 年以来，公司先后获得国家建设工程质量最高奖鲁班奖 1 项、全国用户满意建筑工程 2 项、全国建设工程

优秀质量管理小组 1 项、陕西省质量最高奖长安杯 9 项、西安市质量最高奖雁塔杯 24 项、陕西省建设新技术示范工程 12 个、陕西省建设工程优秀 QC 小组 1 项。鲁班奖的获得，填补了公司历史上没有国家级质量奖的空白，表明公司的综合实力、发展水平迈上了新台阶。

文明工地是建筑施工企业综合实力的体现，是企业两个文明建设在施工现场的具体反映。公司从 1999 年开始抓文明工地建设，连续 6 年持之以恒，紧抓不放松。几年来，创建省、市级文明工地 160 多个，承办省、市文明工地现场观摩会数十次，提高了公司的社会声誉，树立了公司在社会公众中的良好形象。

关心群众生活

杨永江始终把群众利益放在第一位，坚持“群众利益无小事”。1999 年以来，公司北院 3 栋家属楼、2 个家属院的建成，解决了 500 多名职工的住房问题。干净、方便的天然气的使用，娱乐设施和健身器材的配备，小区环境的绿化，老年活动中心的开放，为广大员工及家属创造了一个优美舒适的生活环境。公司连续 3 年投入 400 多万元为员工制作了 3 套工作服，为员工更好地服务公司创造了条件。公司投入 60 余万元资金改造的单身公寓，解决了 176 名单身员工的住房问题，结束了公司没有单身公寓的历史。员工工资的逐年提升，旅游、体检等福利活动的开展，提高了员工的生活质量，增强了他们立足航建、服务航建的信念。尤其是“航天新都”办公大楼的启用，实现了一代航建员工梦寐以求的愿望，提升了公司的对外形象，为“航天建设”品牌走出陕西奠定了坚实的基础。

严格约束自己

杨永江深知作为企业一把手，自己的一言一行、一举一动不仅仅代表个人，还代表着企业。在工作中，他一切从公司大局出发，一贯坚持私下不议论、不传小道消息，不拉帮结派，坚持公平、公正、公开的处事原则。对于企业重大问题的决策，尽可能进行深入的调查研究，听取各方面意见，发扬民主，维护领导班子团结，发挥班子集体作用。他不搞特殊，不居功自傲，清正廉洁，勤政廉政，从不利用职权为个人牟取私利。

“发展才是硬道理”是杨永江工作的出发点和落脚点。根据多年来的工作实践，结合建筑施工企业的实际，杨永江提出了符合建筑施工企业发展特点的“1142 工程”建设，即一面旗帜：全力铸造“航天建设”品牌。一个推进：全面推进企业文化建设。四项工作：坚定不移地抓项目，谋发展；坚定不移地抓文明工地建设，树企业形象；坚定不移地抓贯彻标准，内强素质；坚定不移地抓成本管理，提高效益。两大支撑：即人才和制度。“1142 工程”概括起来就是“举旗、铸魂、抓四项工作、以人为本、落实制度”。其丰富的内涵，已深入人心，对公司的发展起到了至关重要的作用，成为陕西航建公司今天乃至今后一段时期内，谋求更大发展的纲领性方针。

发表媒体：《中国航天报》
发表时间：2005 年 5 月 13 日

吴北生：一生无悔弹道美丽

韩　宁

人物名片

吴北生，1929 年 8 月出生于天津，祖籍江苏省常州市。1952 年 8 月毕业于清华大学电机系电信专业。中共党员，现任某型号总设计师，研究员，享受政府特殊津贴。长期从事我国地空导弹武器系统的研制工作。20 世纪 60 年代初进入国防部第五研究院二分院，开始从事导弹技术和武器系统的研究开发工作，历任研究室副主任、主任，总体设计部副主任、主任，二院科技委副主任、主任等职；参与过地地导弹、地空导弹等多种类型导弹武器系统及其相关技术的研究开发工作；先后担任过多个型号（工程）的副总设计师或总设计师。

参与了我国第一代地地导弹控制系统的研究试验和导弹控制系统专业技术发展规划工作；参加了我国第一代地空导弹的改进工作。1996 年起任二院某型号总设计师，成功主持研制某型号战术地地导弹武器系统，为我国航天事业做出了重要贡献。

其研究成果获得国家科技进步二等奖、三等奖各两次，国防科学技术奖一次，部级科技进步奖一、三等奖各一次。

采访印象

坐在笔者面前的吴北生虽然已是76岁高龄，仍然腰板挺直，神采奕奕。他的为人是低调的，他从未接受过采访，因此在笔者采访他之前，关于他的报道文字几乎是一片空白。他的为人是平和的，慈眉善目，笑意盈盈，让人一见顿生亲近之感。

四个小时的采访中，随着吴北生那些遥远的记忆，让人深切地感受到一个感性的吴北生——侃侃而谈，情绪也随着诉说不能平静，忆起青春年少时的激情岁月，眼神中闪动着别样的光芒，仿佛又回到了那意气风发的少年时光；随着许多事件和研制项目的清晰描述，又让人感受到理性的吴北生——每个人生阶段的时间、事件都记得清清楚楚。讲起型号工作，他的兴致更高，许多专业词汇和事件从他嘴里条理清晰地一一表达出来。

他是一位谦逊的老专家，很少用“我”，而多用“我们”这样

的字眼。他已经与他的团队融为一体。面对事业上取得的一系列丰硕成果，他却认为自己50年的工作与生活“淡泊平凡，没有可夸耀的成绩可言”。淡泊明志、宁静致远，用来形容吴北生再贴切不过。我只是觉得手中的笔无法描摹出他的形与神。

机缘巧合入航天

场景一：毕业报告会场里，人已三三两两散去，只有一个年轻人没有离开座位。那些激昂的话语还在空中回荡，他激动的心情也久久不能平静，结束了四年大学生活，就要投身部队，披上向往已久的绿军装，青春的火焰在他眼睛里燃烧着。他挥起笔，一行遒劲有力的大字落在了笔记本上，也烙在了他的心里：“要锻炼自己成为一名红色专家，但是首先要记住做一个革命者。”

吴北生1929年出生于天津的一个小职员家庭，祖籍江苏常州，因此得名“北生”。时局动荡注定他童年不能过平静的生活。随着抗日战争的爆发，他们举家迁徙。吴北生的求学生活也几经辗转，直到1945年日本投降，才得以在江苏省立常州中学相对稳定下来。这所学校师资力量雄厚，学风严谨。在这里，吴北生接受了良好的教育，打下了扎实的基础。

高二时，一本介绍清华大学的小册子让吴北生了解了这所高校，从那时起他就下定决心要报考清华大学。但为了万无一失，他还报考了燕京大学、上海交通大学、厦门大学、南京中央大学等四所高校。在一场场决定命运的考试中，吴北生聪慧的头脑与扎实的基础显现了出来，一下子被五所高校全都录取。但他最终还是选择了心仪已久的清华大学。

1948年9月，吴北生进入清华大学电机系电信专业学习。时值北平解放前夕，他和许多热血青年一起参加了轰轰烈烈的护校运动，见证了北平的解放。此后被浓烈的革命气氛所感染，吴北生满怀激情投入到了革命的广阔天地中。正是在那个时期，他对中国共产党有了更多的了解，这无疑对他的一生产生了积极而深远的影响。

毕业前夕，满怀着为新中国建设献身热情的吴北生，投笔从戎参了军。在西北军区司令部任通信兵训练参谋的吴北生深得人们好评：他指挥战士架线训练，参加骑兵部队演练；他亲自编写训练教材，开展小发明，革新训练设备，提高了训练效果。因此，吴北生被部队评为社会主义建设积极分子，荣立了二等功，并光荣地加入了中国共产党。1957 年，吴北生被调到北京新筹建的军事电子科学研究院，后来又随建制转入以研制火箭导弹为主的国防部第五研究院二分院。从此，他在航天二院工作生活了几十年，他的命运也和新中国的导弹事业紧紧联系在了一起。

大胆开拓新领域

场景二：夜已经深了，一个身影仍伏在书桌上，时而奋笔疾书，时而抬起头陷入沉思，表面平静的他，此刻大脑却在高速地运转，思绪穿透了茫茫黑夜，去探求那一个个复杂难题的谜底。翻阅资料、演算、思考，他紧缩的眉头终于慢慢舒展开来，抬头看去，东方已是晨曦微露……从导弹型号研制工作的“外行人”到一个成就突出的专家，他不知经过了多少这样的夜晚。

在几十年的导弹研制生涯中，吴北生经历了许多波折，但他却从未曾离开过这个领域，未曾想过离开他倾注了无数心血的技术岗位。“党让做什么就做什么”，作为共产党员的吴北生始终坚定着这样的信念，通信专业出身的他，踏上导弹研究这条路，不仅认真干，而且还取得了丰硕的成果。

20 世纪 60 年代初，苏联撤走援助专家，中国的导弹控制系统研制工作困难重重，他作为研究室技术副主任，参与了我国第一代地地导弹控制系统的方案设计，和同事们一起为突破技术封锁进行了艰苦的攻关。首发飞行试验的失败曾一度使他们情绪低落，但经过细致的分析和改进设计，他们又迎来成功时刻。在此过程中，吴北生不仅逐步熟悉了导弹控制系统的技术发展情况和研制规律，更亲历了“自力更生、艰苦奋斗”的历程。凭着“办事认真一点、虚心好学一点”的态度，吴北生过得很充实，技术上不断长进。不久，他因工作出色被选调担任了二院技术指挥员的技术助理。在调查研究的基础上，他协助航天著名老专家蔡金涛、吴朔平组织技术论证，完成了我国导弹控制系统专业技术“八年发展规划”的制定工作。

经过工作实践的锻炼，勤于思考的吴北生，思维的触角已经开始往新的领域延伸，很快由一个初入门者成长为中坚力量，在航天事业中留下了自己的足迹。20 世纪 70 年代，他开创性地提出了发射雷达标定卫星和组织观测试验的建议，在此基础上主持设计研制了实践二号乙卫星，与实践二号、实践二号甲一起发射成功，成为我国卫星发射史上有名的“一箭三星”中的一星。同时，他还组织实施了由两部大型预警雷达和多个光学卫星观测台、站参加的全国联合观测试验。这也是我国第一次进行雷达卫星标定实验和对外空目标的监测预警研究试验。

吴北生是幸运的，能与我国导弹事业一起成长、成熟。然而，从技术基础薄弱的大环境中起步，探索的过程也是艰辛的。他在地空型号仿制、改进到自行研制的过程中，先后担任副总师、总师，各阶段新型号的开发研制工作，都留下了他的印记。吴北生说他“开了很多头”，正是这些“开头”，为后来的研制工作趟出了路子，积累了宝贵的经验，奠定了重要的技术基础。

20 世纪 80 年代初，他担任了地空型号组的副总设计师。在协助处理各型号重大技术问题的过程中，他的技术及管理水平又有了长足的进步。此外，他还主持了很多重要的基础工作，如主持起草了《地空导弹武器系统研制程序》，规范了地空导弹的研制工作等。在七机部和八机部合并后，地空导弹面临多基地、多型号的调整，他又主持论证，提出了按作战空域和任务划分几个系列来发展地空型号的建议，被当时的规划会议所采纳并沿用。之后，他开始担任我国第二代地空某型号第一副总设计师，参与主持了系统关键技术的研究工作，通过大量艰苦的研究验证，消除了对系统性能的质疑，坚持了正确的研究方向，为该型号后续研制工作打下了坚实的基础。

20世纪80年代中期，他被任命为某型号防空导弹的技术总负责人。他与总指挥一起带领队伍按照“打基础、上水平”和“研制基本型、发展系列化”的方针，论证选取了具有当时国际先进水平，而又适合国情的总体方案和技术途径，开始了研制之初的技术攻关工作，最终实现了突破几大关键技术、确定研制方案、取得重要成果、打好型号基础的攻关总目标。正当型号研制顺利开展的时候，已年逾花甲的吴北生又担当起了一个新型号的技术抓总工作。他和总指挥一起组建起了新的队伍，带领大家三年突破四重关。他将型号比喻为自己的孩子，从出生到慢慢成长，倾注了无数心血。

六十大寿，本应是对着满桌佳肴接受祝福，然而吴北生这个大寿却过得不寻常。当时正值一项重要的演示试验期间，吴北生和其他技术人员一样，坚守在茫茫戈壁滩上，没有蛋糕和美酒，只有发射前的紧张气氛和焦急的等待。然而第一发就“很不给面子”，发射前测试就出现了故障。吴北生暗自咕哝着：“真怪了，关键时刻怎么会出现问题。”本来有高血压的他，血压立刻升了上来。但他很快镇静下来，开始和技术人员一起分析数据。经过判断，他顶着风险做出决策：采取紧急措施改打另一发。第二发打得很漂亮，并且打出了验证精度的好成绩。弹道划出的美丽弧线就是献给他生日的最好礼物。欣喜异常的吴北生，挥笔作诗一首，以纪念这个特别的日子。

在同事的眼里，吴北生就是这样，自己的很多事情都抛在脑后，记挂的只有工作和试验。有一次进试验场前，已年届七十的吴北生患了病，身上长了很多疱疹，无论是坐是卧，都疼痛不已，如果感染还会有危险。当过医生的老伴还有同事们都劝他不要去，但家里再舒适的床他都躺不住，试验场的事他实在放心不下。当吴北生坐了几天的火车到达基地后，同事们看到强忍病痛微笑着的他，大受感动。

古稀之年仍执著

场景三：一座黄沙遍布的山横亘在面前，一位花白头发的老人正带领着几个生龙活虎的年轻人向上攀爬，爬了好长时间，山顶依然显得那么遥远，年轻人已是气喘吁吁，老人却一声不吭，步履坚定。“吴总，您那么大年纪身体怎么这么好啊？”老人笑一笑说：“我是眼睛紧盯着目标，脚步也不为路边的风景停留，一心一意想到山顶罢了。”

吴北生有一个幸福的家庭，老伴惠颖钟是位医生。忙于工作的他根本顾不上管家，儿女的问题他更是顾不上过问。老伴不仅要照顾他的身体，还要为家里大大小小的事情操心。虽然他常心存愧疚，但身为老总的吴北生却从未对同在二院工作的儿子给过什么“照顾”，就连共事多年的同事，都不知道他儿子就在二院工作。

吴北生现在已是76岁的老人，但他在退休后的十多年里，仍然活跃在技术研制一线，仍然像其他人一样实行八小时工作制，甚至还与年轻人一起加班加点。出差、开会，坐火车深入戈壁滩试验场，亲临现场分析数据是吴北生退休生活的主要内容。吴北生在同事中极具亲和力，不仅因为他精湛的专业知识，更因为他对事业的孜孜以求和对名利的淡泊。在同事们的眼里，他没有一点老总的架子，总是亲自到现场解决问题，亲自计算一些数据。“型号队伍里无论老少，吴总都喜欢和他们讨论问题，听取意见。谁生病了，他也记挂着，亲自去嘘寒问暖。分房子、评职称，他都主动让出，都让了好几次了。”同事如是说。

国家科技进步奖、航天部科技进步奖、航天部“有突出贡献专家”、政府特殊津贴、航天创业荣誉证书，这一个个耀眼的荣誉，在采访中他从未提及。在一篇回顾性的文章里，他这样总结了自己的大半生：“回顾淡泊平凡的一生，聊以自慰的是，在党和人民的培养下，得以参加从事国防尖端技术的队伍，为我国导弹事业的发展尽了一份力量。我所看中的不是获得的各项奖励，这是改革开放后尊重知识、尊重人才奖励政策的体现。最令我难以忘怀的，还是在那些为反击外国封锁、扬民族志气、夜以继日艰苦攻关的岁月里，一代知识分子在党的领导下，只求奉献、不讲名利、团结拼搏、迎难而上的精神风貌。愿‘自力更生、艰苦奋斗、大力协同、无私奉献、严谨务实、勇于攀登’的航天精神，在振兴中华的大业中永放光芒。”这正是他自身真实的写照，也道出了吴北生的大家风范与作为老一代航天人的真挚情怀。

发表媒体：《中国航天报》
发表时间：2005 年 10 月 14 日

险峰技工“徐一刀”

张玉莲

徐国阳，险峰厂二车间车工组组长，中共党员，高级技师。25年来，从工厂双文明建设积极分子、优秀工会积极分子、技术能手、优秀职工、十大杰出职工到〇六六基地青工比武车工第一名、〇六六基地新长征突击手、集团模范共产党员、集团劳动模范，再到航天技术能手，他在最基层的车工岗位上踏踏实实、勤勤恳恳工作，留下一串串闪光的足迹。

险峰一绝“徐一刀”

1982年，徐国阳技校毕业，分配至险峰厂二车间当上了一名普通车工。尽管在技校学了二年车工，但在实际工作中他仍感到自己与老师傅之间有巨大的差距，凡事不服输的他暗暗发誓：既然做了

车工，我就要做最好的。从此，他跟自己较上了劲。上班，他跟着师傅专心地学，刻苦地练；休闲时光，他除了锻炼身体，就是看书，养成了不看书就睡不着觉的习惯。他不仅看书店里买到的、同事那借到的新书，连父亲这个老车工留下的50、60年代的《机加工人》、《加工技术》他都看完了。经过几年的勤学苦练，他不仅打下了扎实的理论基础，还练就了一手磨刀绝活。懂行的人都知道，车工活干得好坏，刀具是关键。一般人干活，工艺文件定什么刀具就用什么刀具，厂里有什么刀具就用什么刀具，徐国阳不这样。做事精益求精、爱动脑子的他，会根据不同形状、尺寸的零件要求，用不同的刀具。厂里没有，他就现磨，有时一把刀就要磨好几个小时，他也不厌其烦。久而久之，徐国阳的工具箱里放满了各种各样、奇形怪状的异型刀具。他磨的刀光洁度高、切削角度合理、排屑流畅、吃屑量恰到好处，特别好使，常常会“不翼而飞”，但他从不给工具箱上锁。他总是说，刀磨了就是用来干活的，谁用都一样。随着来求他磨刀的人越来越多，徐国阳的名气越来越大，但他不管工作再忙，宁可自己加班，也从不忍心拒绝求刀者。不知从什么时候开始，“徐一刀”的称呼从哥们儿的昵称变成了大家对他共同的称呼。

现在，“徐一刀”在险峰厂乃至整个基地可谓家喻户晓，年轻人出去参赛，甚至职工在外厂工作的子弟都时有来找他磨刀的，而他也是有求必应，极少拒绝。

一句话、一个动作、一群弟子、一个班组

“我们认识他干的活！”熟悉徐国阳的人都知道，尽管徐国阳技术水平高，但干活并不快。他接到任务后，总是先细细消化图纸工艺，然后再领料、磨刀，待一切准备妥当方才开工。但他干出来的活，检验最放心。不仅尺寸100％合乎要求，而且外观光洁度高。长期担任机加检验的李刚、陈丽几位师傅都能一眼从一大堆工件中

毫不费力地认出徐国阳加工的工件。“我们认识他干的活！外观最光滑漂亮的一准是徐国阳干的。”几位检验师非常肯定地说。

在险峰厂机加大厅，有一个特殊的现象：那就是有许多车工干活时手里都拿着一把刷子，一边加工，一边随时刷去加工产生的废屑。这个动作的起源之处正是徐国阳。他在生产中十分注意机床保养。每次开动机床前，他都要做好润滑；使用后，注意做好清洁、冷却。他使用的这台 J1MK460 普通精密车床已经有了上 10 年的历史。由于他的细心保养，直到目前为止，加工起产品来，仍然精度高，噪声小、刻度准确，多次被工厂评为红旗机床。二车间车工组也被评为 2006 年上半年设备维护先进班组。

徐国阳在完善自我的同时，也毫无保留地将自己的经验传授给青年工人。他先后带徒十几名，现都成为工厂的生产骨干。其中有二人已成长为工厂为数不多的技师和高级技师。在今年工厂举办的技能竞赛中，车工前 5 名中就有 3 个是他的徒弟。2006 年 3 月，工厂开展导师带徒活动，他一下子收了两名高徒，二人都是新招进厂的大专生。在他的带领下，二人进步很快，目前已能在工作中独当一面了。

2001年，徐国阳被大家推举为车工组组长。虽说只是个小组长，但他手下管着38号人，比一个处室管辖的人员还要多几倍，且承担着工厂90%的批产产品的车削加工任务，他深感责任重大。在班组管理上，徐国阳对组员不管是劳动纪律、安全生产、设备保养、产品质量、现场6S，他都要求十分严格，敢说、敢管。每次的周总结会他都直接指出组员的不对之处，有事说事，但被点到的组员都十分服气。因为他一视同仁，十分公正。徐国阳的两个妹夫都是他的属下，但不仅占不到一点光，相反有了差错，受到的批评还是最严厉的。二是他能身先士卒，做好模范。就说工时吧，从年初到现在，车工组加班最多的是他，工时最少的也是他。因为他总是把大家都不愿干的精度要求高、加工难度大、工时又少的研制产品留给自己。有利就让，有难先上，光凭这一点就让组员们特别服气。

再说6S吧，尽管没少强调，但还是有部分组员因一时疏忽而忘了打扫生产现场。徐国阳按惯例在下班前搞好自身6S之后，会绕班组生产现场转一圈，发现问题，他就会动手打扫，事后再提醒组员注意。次数多了，再马虎的组员也不好意思让他天天替自己打扫现场，慢慢也就养成6S的好习惯。

没有最好，只有更好

1996年，时年33岁的徐国阳被评为技师，3年后，他以其出色的业绩荣升高级技师。2006年，徐国阳又被评为工厂车工首席技师。此时的他，在工厂车工中的地位已是首屈一指了，但他依然不改其本色，干事一如既往地认真细致，学习新技术的步伐依然不停。厂里的第一台数控车床、车削加工中心他都是第一批学会的。因为开数控车床工作轻松，环境舒适，他将技术传给徒弟后，主动要求回到了普通车床上工作。

时代在变化、工厂在前进、产品在更新，作为一线的技术工人，徐国阳深知不学习就无法适应工厂前进的步伐。因此在业务技能的学习提高上，他从不放松对自己的要求。他把工作中的每一个难题都当作是一种学习提高的机会，特别爱钻研工作中的难题，车间有什么难活也总爱交给他干。在某型号产品关键件内孔加工中，他设计制造了渐变径机夹式镗孔刀杆，提出了深盲孔一次加工成形的工艺方法，缩短了加工时间，保证了加工质量。该项目在 QC 活动评比中获得了〇六六基地一等奖、国防工办三等奖、航天部优秀成果二等奖。

有一次，为解决某部件头部双球面的加工难题，他和技术人员反复琢磨、钻研，修复了因存在问题而闲置多年的单板机数控车床，并加工出合格产品，既为型号产品的研制攻克了一大难关，又节约了费用。

徐国阳在干活时爱钻研，也善于总结。在某型号产品翼座的加工中，内腔加工余量大，冷却效果差，排屑困难。针对上述问题，他选用了多种刀片加工、改制、再加工，最终制作出强度高、断屑效果好、排屑顺畅的正反机夹式专用镗孔车刀，将加工效率提高了 3～5 倍。他据此撰写的论文《典型零件切削加工工艺》，获得科工集团第四研究院首届技术工人论文优秀奖。

发表媒体：《孝感日报》

发表时间：2006 年 9 月 15 日

巩鹏：敢将铁杵磨成针

张国栋　郑　晖

巩鹏，1970 年生，北京市丰台区人，中技文化程度，现为中国航天科工集团公司三院 33 所北斗公司钳工班班长，特级技师。2000 年，获三院钳工技能竞赛单项第一名；2002 年，获三院第四届职业技能竞赛钳工比赛第一名，同年获中国航天科工集团公司首届职业技能大赛钳工组第二名。先后 3 次获三院年度新长征突击手称号；1996 年获三院十佳飞航青年称号；3 次获得 33 所年度新长征突击手称号和 6 次获得年度十佳青年称号；1995 年、1998 年获原航天工业总公司青年志愿者活动先进个人称号；1998 年获中央国家机关优秀青年称号；2002 年获全国技术能手称号；2005 年获国防科技工业有突出贡献中青年专家称号。

引子：一个人的比赛

2000 年，三院隆重举行首届技师技能竞赛，所属各单位能工巧匠汇聚一堂，个个摩拳擦掌。在钳工组比赛中，要求将一只直径为 30 厘米的铁棒锉成一个高 27 厘米的六棱锥合套。题目看似简单，却是块难啃的硬骨头——不仅考察选手们的技术水平，更考验选手们的毅力和耐心。比赛中，选手们用锉刀在铁棒上来回不停地锉，在旁人看来，他们几乎是在重复同一个动作。几个小时过去后，一位选手坚持不住选择了放弃；接着，是第二个，第三个……到最后评委看到，只有一位年轻的选手一直没有停下来。锉刀在产品上来来回回成千上万次地运动，选手的手掌磨出了大水泡。水泡磨破了，他没有停；手掌皮磨掉了，他还在锉。比赛进行了整整 8 个小时，只有他一人坚持了下来，产品质量完全符合要求，他获得了钳工组第一名。比赛结束回到家，他的手掌已是皮肉模糊，妻子边帮他洗手，边掉眼泪。

他，就是 33 所的巩鹏。

一方水土养一方人。巩鹏生在三院、长在三院、工作生活在三院。初见巩鹏，他的一言一语、举手投足间无不透出三院航天人的质朴。一身蓝色工作装、结结实实的身板，看不出这位钳工领域技术权威与核心人物与其他技术工人有何不同。今年 37 岁的他乐呵呵的像个大男孩，看上去要比实际年龄年轻不少，面对获得的无数荣誉与头顶的光环，他的心态非常平和："咱就一普通工人。"

磨练

"高超的技艺背后是艰辛的付出。"该所主管生产的副所长杨兴文这样评价巩鹏。

1988 年，18 岁的巩鹏从 33 所技校毕业后，进入 33 所精密机械厂做钳工。那时车间的生产条件和环境与现在不可同日而语，黑乎乎的厂房、昏暗的灯光，还不如技校的教室宽敞明亮。失望，是巩鹏来到工作岗位的第一反应。但最关键的是，工作起来两眼一抹黑，这让好强的巩鹏非常着急。

人生的道路虽然漫长，但紧要处常常只有几步。对于每一位年轻人而言，刚参加工作时要走的路，就是非常紧要的几步。巩鹏是幸运的，他遇上了一个技术精湛、德高望重的师傅——55岁的高级技师秦井芳。巩鹏坦言："在近20年的职业生涯中，对自己成长影响最大的非秦师傅莫属。"师傅工作的情形他是最清楚的。在操作台旁工作了数十年，连续作业时间一长，难免腰酸背痛，这个时候，秦师傅就拿出止疼片一吃，继续干活。师傅的一言一行，对徒弟潜移默化的影响是显而易见的。

精湛的锉削技能，是一个优秀钳工必须具备的基本素质。秦师傅对徒弟要求非常严格，他希望年轻人能抓紧时间勤学苦练，提高技艺。在刚参加工作的一两年里，十八九岁的巩鹏在秦师傅的指导下，几乎天天练习使用大板锉。于是，上班期间，相应的工作任务一完成，他就拿起锉刀开始练习；业余时间，和他年龄相仿的同事都出去玩了，他依然猫在车间里坚持练习。

如同达芬奇画鸡蛋，练锉是一件非常枯燥的差事。但对于年轻

的钳工来说，这既能提高技艺，又能磨练心性，每天练习一两个小时是常事，寒来暑往，多少把锉刀都被巩鹏锉秃了。一根直径为50厘米的钢棒，在巩鹏手里反复地锉，到最后锉成一小条，几乎就成一根针了。正所谓只要功夫深，铁杵磨成针。

工作虽然劳累枯燥，但巩鹏从未有放弃的念头。“一个人在成长的阶段，尤其是年轻的时候，一定要经历一段时间的磨练”，回想起当时的情形，巩鹏如是说，“不磨练，没有真正的本领凭什么在社会上立足?”

钳工大部分是手工操作，劳动强度大，对工人技术水平要求很高：当时像秦师傅这样技艺高超的高级技师可谓凤毛麟角。于是，难度大、要求高的产品，基本上都是交给秦师傅加工，要不也是交给那些四五十岁、经验丰富的技师。作为秦师傅的关门弟子，巩鹏在逐步掌握钳工各项技能后，很快就接触到这些高难度的活儿。在加工这些高难度产品的过程中，秦师傅手把手地教这个勤奋懂事的小伙子，并把自己几十年积累的经验传授给他。看着这个有天分、又吃得了苦的年轻人快速成长起来，秦师傅打心眼儿里高兴。从入所第一年起，巩鹏几乎每年都能从所里、院里捧回各种荣誉证书。

锋芒

名师出高徒。秦师傅带了巩鹏5年，这5年间，巩鹏从一个懵懵懂懂的技校毕业生成长为33所精密机械厂的生产骨干。钳工的工作非常辛苦，结束一天的工作回到家里，根本不想吃饭，往往是倒头便睡。看到儿子这样，父母当然心疼。巩鹏父母都是33所的中层干部，几次试探着问巩鹏：要是觉得太累，就换个工作？执拗的巩鹏没有同意，他已经喜欢上了这份工作，虽然辛苦，但他不在乎。

不但要干，而且还要干好，这就是巩鹏的性格。在此后的日子里，他以不断提高的技艺和“认死理”的执著，在攀登钳工技术高峰的路上，不断攻坚克难，摧城拔寨。

——钳工班组在加工某重点产品电动舵机中的D形孔过程中，经常由于拉刀断裂，造成粗糙度超差、孔内形尺寸不合格。针对这一难题，巩鹏改进钳工研磨，成功地使用了成形冲头手工冲孔、挤光的方法，将成品合格率由原来的50%提高到100%。几年中，他已挽救不合格品上万件，节约资金数十万元。

——某产品外环定位孔加工材料为铸铝薄壁件，无太多加工余量且易变形。巩鹏通过采用研磨方法加工，提高了表面粗糙度，保证了加工精度，使产品加工得以顺利进行。

——加工某重点型号罩盖，以往都是先手工下料弯型，然后焊接锉修，防锈铝板无法一次拉伸成形，长久以来都使工艺人员非常头疼。经过反复试验，巩鹏设计了一套组合模具将防锈铝板一次拉伸成形，不但保证了产品形状尺寸的一致性，提高了产品外观质量，还减少了6道加工工序，大大降低了劳动强度，提高工效近50倍，使产品单件生产成本节约达到上万元。

——通过技术攻关，巩鹏解决了三种型号陀螺关键特种材料的加工技术难点，解决了陀螺机械加工瓶颈问题，大大提高了产品质量，缩短了加工周期。通过修复陀螺底座离合器转子组件及系统中各种组件等多种关键件，巩鹏为单位挽回经济损失近百万元。

这么多年来，巩鹏啃下的“硬骨头”举不胜举。而攻克这些难题所总结出来的加工方法，则被同事们称为“巩氏加工法”。

巩鹏是一个很好强的人。他有这么一个信念：这一批活儿交到我手里，就必须比别人干得更好更快。“完成每一项工作，都是这个原则，天天都是这个原则。”巩鹏说。在生产任务加倍，而原有设备效率又很低的情况下，巩鹏就琢磨着自己动手设计制造加工设备。攻丝设备是钳工必备的。有一次，巩鹏看到手摇钻受到启发，就赶紧找来一把潜心研究。他将手摇钻拆开，根据攻丝特点进行了改装，自己制作了一台既可提高生产效率四五倍、又能大大降低劳动强度的攻丝设备。这种攻丝设备可用于不锈钢、软磁合金、钛合金等特种材料的螺纹加工，同事们一用，发现巩鹏自己设计制造的攻丝设备确实非同凡响。

后来，一些兄弟单位和外协厂家发现这台设备非常不错，纷纷前来取经。设备有点复杂，一下看不清楚，来取经的技术人员就拆开画图、照相，回去后仿制，天津有家单位干脆从33所借了一台带回去研究。到目前为止，六七家单位共仿制了数十台这种攻丝设备。巩鹏设计制造的设备、工装，自然又被同事冠以“巩氏工装”的称号。如今，“巩氏工装”家族的重点“成员”，正在申报国家专利。

1996年，巩鹏被破格晋升为技师，2000年被破格晋升为高级技师，2003年被破格晋升为特级技师。7年时间，巩鹏三次破格，来了个漂亮的“三级跳”。巩鹏说，自己赶上了好时候。三院、33所一直将培养优秀技能人才作为人力资源的主要工作。一方面加大培养力度，利用自有资源以及社会资源举办各种技能培训班，开设了针对各类技能人才成长需求的课程，让工人的技能在培训中得以提升；另一方面，加大激励力度，在收入分配、职称晋升、购买住房、出国培训等方面，都向有突出贡献的技能人才倾斜。在破格晋升的同时，巩鹏作为青年工人的技术骨干，于1999年和2004年分别赴德国、俄罗斯参加了技术培训。

共赢

在近20年的钳工生涯中，巩鹏承担的任务几乎涵盖了三院所有重点型号的关键件。通过不断地学习钻研，他出色地掌握了机械加工中的装配、调试及排除疑难故障技术，在加工特种金属材料及设计、编排工艺文件等方面练就了精湛的技能，更擅长产品几何参数的修磨、难加工合金的小孔钻削和攻丝、超高精度的各种研磨、各种小直径螺丝断余部分的提取、高精度的装配组合、各种扳金异型体的加工及变形关键件的复形修复等。

2001年，为实现规范化的市场运作和公司化管理，原33所精密机械厂改制为北斗公司。其后，33所七室加工中心以及质量处机加、特种工艺检验陆续并入北斗公司。从精密机械厂到北斗公司，巩鹏已经做了8年的钳工班班长，凡是遇到技术性强、技术标准要求高的活，都是他挑梁上阵。他把其中的难点吃透，确定好加工方法和流程，再交给其他组员。在保质保量地完成自己的生产任务的同时，他还帮助班组其他成员，尤其是新来的组员提高技术水平，并把自己的工作经验和技术窍门毫无保留地传授给他们。“巩班长有什么诀窍都愿意教给大家。”班组高级工张沁临说。今年50岁的他19年来一直和巩鹏在一个班组工作。22岁的王超说：“4年前刚参加工作时练习磨钻头，老磨不好，巩师傅非常耐心地指导我，手把手地教。”巩鹏先后带的十几个徒弟，如今在各自的岗位上都表现很优秀。

北斗公司在用人机制、薪酬体系、考核制度等方面与市场接轨，充分调动了员工的工作积极性。作为一个青年生产骨干和班组长，巩鹏深知，现代企业的生产工人不仅要具备娴熟的生产加工技能，而且要有较丰富的现场工艺知识和管理知识。因此，他认真学习生产现场管理知识和工艺知识。几年来，在巩鹏的带领下，钳工班合理组织生产，认真熟悉生产工艺，克服了重重困难，圆满地完成了生产任务，为新产品开发赢得了宝贵的时间。在巩鹏的努力和严格要求下，钳工班的整体技术水平和产品质量均在北斗公司名列前茅。

从2004年开始，巩鹏，这位年轻的特级技师不时出现在三院各单位技能培训班的讲台上。他摸索出来的特殊材料加工刀具的切削角度和几何参数，在三院技工培训中广为传播。到目前为止，巩鹏在三院技工培训中授课及技术表演累计近千小时，而听过和看过“巩大师”讲课及技术表演的技工也有数千人次。

本色

作为一名优秀技能人才，巩鹏在家庭生活中，却不是一个优秀的丈夫、称职的父亲。巩鹏的爱人王晨燕也在33所工作，由于两人都非常忙，10岁的儿子便进了寄宿学校。巩鹏夫妇一般周六也要加班，儿子周五下午回来，他们只有周日一天能陪陪儿子。“如果周末回来看到我们不在家，小家伙情绪就挺低落的。”巩鹏说。在巩鹏家的相册里，居然找不到一张平常得不能再平常的三口之家的合影。王晨燕说，没有多少机会一起出去，更不要说照相了。

巩鹏少年时期也学习过书法、绘画等，但是爱好的坚持需要精力和时间，参加工作之后，由于空闲时间太少，巩鹏的这些爱好便被束之高阁了。现在，巩鹏唯一的手工爱好是自己动手打制戒指等饰品。在恋爱期间，巩鹏打制的设计独到、做工精美的戒指和耳环等银饰，让王晨燕惊叹不已。婚后，王晨燕的金属饰品基本也是这位能工巧匠亲手打制的。后来，一些朋友也找上门来，请巩鹏打制饰品。于是，为各种各样拐弯抹角的“关系户”打制银饰也就成了巩鹏业余生活的一项重要活动。迄今，他打制的戒指已有100多个、手镯10多对。

巩鹏是个富有爱心和社会责任感的人。1995年夏天，刚刚新婚不久的巩鹏夫妇随所里职工一起到南戴河疗养。傍晚，两人在海边散步。巩鹏发现远处已经没有游人的海面上还有一辆水上自行车，车上依稀可见两个女孩。他知道，这种自行车巨大的塑料车轮浮力很大，力气小的人不好驾驭。他意识到，她们可能是蹬不回来了。不出他所料，天色已暗，水上自行车却越飘越远。巩鹏二话没说，脱掉衣服就跳进水里。恰好有一位同事路过，也加入了营救。等他们两人游到水上自行车旁边时，才发现两个女孩已吓得脸色苍白，喊得声音已经嘶哑。他们经过半个小时的努力，终于将两个心惊胆战的女孩“运”回了岸边。

结语：事业正当年

谈起工作愿望，憨厚的巩鹏说："希望一直到退休都有这么多的活儿干。"巩鹏特别喜欢干有挑战性的活儿，"接到技术难度高的活，他就特别兴奋"，一位同事说。37岁的巩鹏，也正是年富力强、事业正当年的时候。他也喜欢上网，通过这种便捷的途径学习一些新知识。在工作中，只要发现自己不熟悉的知识点，他就会赶紧寻找相关资料，进行自学。他说，只有坚持学习，才能跟得上航天事业发展的步伐。

发表媒体：《中国航天报》

发表时间：2007年11月30日

马杰：在耕耘中体验幸福

黄　希　王文明　陈晓秋

人物名片

马杰，女，回族，1963 年 1 月出生，1985 年 7 月参加工作，1984 年 12 月入党，1985 年 7 月北京航空学院（现北京航空航天大学）机械制造工程专业毕业，2005 年 9 月哈尔滨工业大学管理工程专业毕业，研究生学历，硕士学位，研究员级高级工程师。

马杰历任中国航天科工集团公司二院 283 厂全面质量管理办公室副主任、质量管理处副处长、副厂长、厂长。她曾荣获集团公司巾帼建功标兵、十大杰出女职工，中央国家机关优秀青年，全国“三八”红旗手等称号。先后获国家科技进步特等奖一项，部级科技进步二等奖一项，国防工业企业管理创新二等奖两项、三等奖两

项，曾获中国航天基金奖、中国航天事业50年重大贡献奖，享受政府特殊津贴。

2008年，马杰当选为第十一届全国人大代表。

2008：演绎一曲动人的“春天的故事”

2008年春天，对于马杰而言，是一个丰收的季节。

她先是荣获全国“三八”红旗手称号，然后又作为第十一届全国人大代表参加了两会。代表团里的很多代表得知马杰是一名航天企业的女厂长时特别吃惊，既惊讶又钦佩地问到：“您是搞航天的啊?”马杰听到之后，只是礼貌地微微一笑。这次参加两会，马杰再一次深刻地感受到了航天在国家的重要地位。会上，她认真参加每一次讨论，并做好笔记。

对两会格外重视的不仅是马杰自己，还有她远在长春市的父亲。这位曾任长春市民族事务委员会主任的老者，对女儿能够走进人民大会堂直接参政议政很是自豪。在上会前，父亲特意打来电话，对马杰进行“上会培训”，千叮万嘱，例如怎样正确看待人大代表，如何认识代表手中的权利。老人家还强调不仅要认真听会，领会大会精神，还要虚心向老代表学习。提到父亲的可爱，马杰笑得前仰后合。

“国家给我的荣誉太多了，我仅仅是做好了自己的本职工作。虽然对每一件事情我都尽了自己最大的能力去做，但还是特别怕做不好。”面对荣誉，马杰依然保持恬淡和内敛的本色。

童年　长春　班长

1963年1月，马杰出生在长春市一个干部家庭。虽然家庭条件优越，但是马杰却没有表现出“骄娇二气”。她的早熟和懂事，一直都让很多长辈记忆犹新。3岁时，马杰就有意识地为刚出生的妹妹留零食，一直到自己都忘记了，等发现时零食在抽屉里已长了毛。

20 个世纪 60 年代，政府大院被很多孩子们视为“乐土”。而留存在马杰印象深处的是“父亲伏案工作的背影，以及头上那一盏昏黄的灯光”。如果做事不认真，小马杰挨批是经常的事；即便生病了，父亲也鼓励她要带病坚持学习。

很快，红色风暴席卷全国。在那个年代，很多家庭都吃了不少苦，马杰的父亲也没有幸免。可是在马杰的记忆中，父亲从来没有过任何抱怨。马杰曾看到父亲大汗淋漓地从外面赶回来，然后轻描淡写地对奶奶说：“妈，快给我做一碗面，再卧两个鸡蛋，我下午要挨斗去了。”日后，随着年龄的增长，马杰逐渐知道了那场灾难对父亲那辈人带来的创伤与悲痛。可是，记忆里只有父亲淡定的眼神与冷静的表情，没有丝毫的抱怨，他们仿佛是在用自己的冷静去冷却那场疯狂之火。回忆起这一幕时，马杰眼圈红了。

马杰坦言，“家庭对孩子的影响是潜移默化的，同时也是至关重要的，我很庆幸我的家庭为我的人生上了很好的一课。”1970 年 2 月，家家户户还沉浸在农历新年的喜庆中，而马杰一家却被告知要前往长春市市郊一个县的生产队去接受“贫下中农再教育”。

在那个寒冷的冬季，马杰进了当地的一所小学念书。一间教室、一位老师、一块大石板，一边是一年级的学生在埋头做题，另一边是二年级的孩子在听老师讲课。下课后，马杰就和小伙伴一起下地玩耍。外人看来无比艰苦的学习条件，马杰倒觉得其乐融融。

与之相对的是生活条件的困苦。端午节，冷锅冷灶，妹妹围着对门屋包饺子的老奶奶打转。看着这一幕，母亲在一旁偷偷地抹眼泪。有个老乡很快就发现了这个回族家庭的凄凉，二话没说，抄起猎枪就出去了。一杯茶的功夫，老乡就拎着两只野鸡“凯旋”。这下，家里立刻就有了节日的气氛，一家人欢天喜地地用这些肉做了一顿饺子宴。3 年多的“田园生活”成为马杰一生中的美好记忆。马杰的父母至今和那位老乡保持着联系。“中国农民的朴实与善良，让我在懵懂时期，就学会替他人考虑了。”

1973年，马杰和家人一起回到长春后进入了当地的一所小学念书。在这个熟悉的“陌生城市”，马杰感到很不习惯。由于说话带有浓重的乡下口音，有些同学故意学她说话；她穿着的带补丁的衣服也被同学笑话。马杰觉得自己就像一个“边缘人”，孤独感在这个只有10岁的小女孩心中蔓延。很快，她和班上另外3个和她一样从乡下转来的小伙伴成为了朋友。四个女孩一起发奋学习，一个学期下来，她们名列前茅，而且被评为了班上的“三好学生”。而马杰也因为自己的懂事、豁达，成为了班上的“核心人物”——班长。此后，她初中、高中几乎都是一班之长。

1981年，马杰高中毕业。对于那个年代的考生而言，填报志愿是一项艺术，想去哪里？能去哪里？这一切取决于正确的自我评价。一边是父亲的“主张”：首选本市，其次省内，再次东北，底线关内；一边是来自北京航空学院老师的游说。站在人生的十字路口上，马杰迟疑了。

大学 毕业 留京

马杰最终还是选择了北航。在得知女儿的选择后，母亲难过了好几天。她不明白，别人的丫头都那么恋家，而自己的闺女怎么就有那么大的心呢？

进了大学后，马杰成为一名机械系的学生。她这时才知道，原来北航不是教“开飞机”的。报到的第一天，马杰就被“震撼”了：全班27个人，22个不是班长就是团支书，还有几个是地区的状元。先前的优越感顿时荡然无存。

很快，马杰找到了自己的坐标。她把自己定位于一个“普通学生”：扎实做事，认真做人。她把自己的社会活动减少了很多，把精力主要放在了学习上。由于品学兼优，马杰在大四时光荣入党。

1985年，马杰大学毕业，她和很多同学一样，面临着被“挑选”的命运。

马杰和大家一起忐忑地等待着这一天的降临。在毕业前夕，当得知自己可能回到长春的一家军工企业时，淡淡的伤感涌上心头，但很快又平静了：能够回家，离父母近一点，也是不错的事情。但是，要离开这个留下了自己美好记忆的地方还是万分不舍。她开始有意识地在北京周边转悠，在一些自己经常去的地方驻足。

毕业前一天，马杰和其他同学坐在教室里焦急地等待着老师的“宣判”。当听到“马杰，航空部303所”时，马杰简直不相信自己的耳朵。航空部303所位于北京东高地。事后她才知道，这个留京名额是在开会前临时确定的。那一年，除了四个北京籍的同学顺利留京外，马杰是全班唯一一个外地留京工作的学生。

进航天　副主任　副厂长

1987年，一个偶然的机会，马杰调进了原航天部二院283厂。当时马杰有两个选择：一个是在机关做团委工作；另一个是下基层做一位普通的工艺员。马杰很愉快地选择了后者，“能干与专业相关的工作，打心眼里都是幸福感。”在完成好本职工作的同时，有过正规大学教育经历的马杰还被邀请去“中级工培训班”授课。所

有的“学生”都比马杰年长，可是马杰却没有丝毫的紧张，认认真真地对待自己的每一次课、每一个学生。直到现在，厂里还有人称呼她为“马老师”，他们还对马杰讲课的细节津津乐道。

在基层工作两年后，由于工作需要，马杰调进了厂机关，在全面质量管理办公室负责质量工作。从此，马杰走上了管理岗位。新的岗位，新的挑战。孩子刚出生，爱人经常在外出差，老人们都有自己的工作，马杰一个人既要干工作，又要带小孩。晚上把孩子哄睡着后，就开始伏案工作。20 世纪 90 年代，正是航天系统开始狠抓质量的时期，很多厂所就是在这个时候开始梳理自己的生产流程，制定新的“质量规则”。马杰的工作便是如此：带领部门人员编制产品质量检验规范。从繁冗、复杂的经验中提取出最符合 283 厂的规范，难度可想而知。只有马杰知道，自己在工作、自学与家庭中不断调节的艰辛。也正是由于马杰的踏实工作与勤奋敬业，仅仅两年的时间，她便走上了副主任的工作岗位。

正当马杰在充实的生活中享受收获的甜蜜时，1995 年的一天，在 283 厂的一个洒满阳光的办公室里，当时的二院党委书记找到马杰：根据领导推荐和民主测评，院党委决定任命你为 283 厂副厂长。马杰的脑袋“嗡”的一下就大了。在她的眼中，厂领导都是德高望重的前辈。在此之前，“副厂长”这三个字在马杰心里觉得遥不可及。然而面对领导与职工的信任与重托，马杰知道自己无路可退了。“女同志当干部，遇到的困难会更多，家庭和事业要兼顾，所以付出的会比男同志多，你要有思想准备。希望你能珍惜这个锻炼机会，发挥自己的能力。”13 年过去了，这一番推心置腹的谈话犹如明镜高悬，至今照耀着马杰坦荡的内心。那一年，马杰 32 岁，一个留着麻花辫、爱穿白色的确良衬衣的人。

当了厂领导，马杰肩上的责任更重了。1995 年 10 月，283 厂正式启动了质量认证工作，在短短一年的时间内，厂里要在编撰质量文件的同时，加强对员工的培训。马杰走上讲台为员工进行质量文件宣贯。嗓子哑了，喝几口“胖大海”，接着讲。由于质量认证没有他人经验可以借鉴，更没有前人的条文可以参考，工作量之大，可想而知。马杰和其他两位厂领导一起，按照厂长的思路和要求，用了整整两个月的时间，组织编制了三个层次的质量体系文件，建立了以质量责任制为中心的综合管理体系。用“质量”这一经线和“责任制”这一纬线组成了一个网络，这就使各项管理工作协调统一、步调一致，从而达到了实现企业整体效益的目的。更值得一提的是，1997 年，在当时的航天工业总公司深入贯彻“28 条”要求时，283 厂的质量管理工作得到了时任总经理的刘纪原同志的充分肯定。一时间，厂长游雄和马杰成为兄弟单位的“座上宾”——他们受邀就质量体系的建立与实施进行“巡讲”。

这一套方案日后经过多次完善，一直沿用至今。马杰坦言这也是自己“最得意”的成果之一。

站在理智与情感两端的女厂长

2000 年 9 月 5 日，是马杰终身难忘的一个日子。

这一天，随着新老班子的交替，马杰接替老厂长，成为了 283 厂建厂以来的第一位女厂长。那年，她 37 岁。

尽管在副厂长的岗位上干得有声有色，但是对马杰而言，自己在财务、人事等方面都是一个“生手”。

接任厂长后的第一个考验就是型号报价。这对马杰而言是一个从未接触过的领域。如果报价不合适，不仅将影响一批型号任务，同时还会使后续生产陷入被动。

班子里的其他成员获悉了马杰的难处，主动站出来，替马杰分担起重任。“我特别感谢他们，论经验和资历，我比很多人都差得远，可是大家依然大公无私地帮助我，让我尽快实现角色转换。”马杰坦言，这些年大家协同共事，让她对“人心齐，泰山移”笃信不已。

马杰上任后面临的另一个挑战就是型号任务的批量生产。在为任务增加感到欢欣鼓舞的同时，一打量现有的加工条件，全厂员工又陷入了深深的忧虑之中：原已接近饱和的仓库、原料、人力等资源不堪重负。面对“瓶颈”，她和其他厂领导科学分工，明确责权，给大家充分的信任。借仓库、招人、紧急调配原料……

一系列“应急措施”在最短的时间内化解了批量生产面临的阻碍。而她也以高超的协调能力与沟通能力获得了全厂上下的好评。身为女性，同时又是一个拥有近千人大厂的“当家人”。马杰时常会觉得自己站在理性与情感的两端。看着身患重病的老人前来求助，马杰会泪流满面，她恨不得能够立马掏钱给他们，以解燃眉之急。但是，作为一厂之长，工作上不能感情用事。“我代表的不是自己，不能因为自己的情感，而让大家的工作陷入被动。”马杰一直认为，规则是为更好地构建“和谐企业”服务。她也在积极思考怎样让每一个普通员工感受到规则带来的福祉。近年来，在她的倡导下，283 厂的很多规则也注入了不少“人情味”。

说起厂里那些默默地在自己的工作岗位上耕耘的普通员工，马杰从心底特别尊重和感激他们。她上任后，积极调整工人的薪酬待遇，“只要干得好，他们挣的比我还多。”这些年，283 厂设立了“青年骨干津贴”，为技能工人提供了大量的培训机会。20 岁出头的小姑娘破格提拔为“技师”已经不是新闻。一批有能力、有水平的技能人才脱颖而出。

在外人看来，耕耘意味着辛苦，马杰感受到的却是幸福。对于这位年仅 45 岁的女厂长而言，未来，机遇与挑战无限。

采访印象

约见马杰是在两会召开时的一天晚上。作为十一届全国人大代表，在参加了一天的小组讨论后，她脸上看不出丝毫疲惫。一身藏青色的套装、一条鹅黄色的丝巾，在淡淡的灯光下，这位女厂长显得优雅从容。一坐下，马杰就兴冲冲地给在座的每位送上了一份礼物——第十一届全国人民代表大会的纪念邮票。这一举动，一下就拉近了和大家的距离。和她聊天是一件很快乐的事情，爽朗的笑声、丰富的表情使 3 个多小时的采访既轻松又愉快。32 岁任副厂长，37 岁又出任厂长，41 岁获国务院政府特殊津贴……当我们为马杰头上笼罩的“光环”感慨的同时，也被她的付出感动。她的故事告诉记者：机遇与成功总会青睐时刻准备着的人。

发表媒体：《中国航天报》

发表时间：2008 年 3 月 28 日

屈晓光：面对不期而至的人生转折

侯　宇

5 月 4 日，“中国青年五四奖章标兵”获得者一行 10 人乘车前往总参谋部某通讯团作报告。车上，大家决定以五四奖章标兵的名义向贵州省罗甸县班仁乡金祥村油落小学捐款 10 万元。

这个倡议的发起者就是中国航天科工集团公司二院 23 所科技委副主任屈晓光，起因于同为第十二届五四奖章标兵的油落小学代课老师李兹喜的报告。屈晓光听到这个村办小学举步维艰的情形时，与另外两名五四奖章标兵严望佳和陈耀祥共同发起了这个倡议。

这件小事让记者见识了屈晓光的另外一面，而此前，这位中等个头的 36 岁博士，展现出来的是他大气、神秘的一面，因为他干的是与国家安全紧密相联的事业。

屈晓光长期从事航天型号产品研制工作并取得一系列重大成

果，他设计了适合某型产品应用背景的技术关键部分，使该产品一举跨入国际先进行列，为国防建设和航天事业做出了突出贡献。作为一个与国防、雷达等字眼几乎无关的电子工程专业的学生，能从事与国家命运紧密相联的事业，源于一次不期而至的人生转折。

在哈尔滨工业大学读完本科和硕士的屈晓光，一直从事的是有关信号处理方面的工作。1996 年，就在屈晓光准备继续留在母校教研室读博士时，他的导师孟宪德征求其意见：愿不愿意到北京的航天二院读黄培康老师的博士？这意味着，屈晓光将要进行专业转型、身份转型、工作环境转型，屈晓光作出转型的决定只用了两天时间。“在哈工大的工作很适合我，去北京，做一名航天人对我来说，最大的挑战就是知道难，但不知道有多难。”对于屈晓光来说，所有的顾虑只是源于工作本身。“干一行，爱一行，只要爱上了就适合了。”他经常用自己的成长经历教育刚入行的年轻人。博士毕业后，屈晓光留在航天科工集团二院二部，负责系统总体研究工作。工作不到一年，刚刚进入状态，由于工作需要，单位又决定调他到 23 所从事雷达总体工作。从口头通知到正式通知也只有不到一周的时间，屈晓光再次面临人生转折。

在哈工大，做具体工作；在二部，偏重于理论研究；这次，又

要做相对具体的工作。这次的挑战是“知道压力很大，但不知道有多大”。5年之内两次转型，屈晓光应对的不二法宝是学习，不停地学习。

第一次转型之初，一套四十几本的专业书，屈晓光看了几遍；此后，他看了与专业有关的几乎所有的书；现在，每天工作之外的业余时间，大部分也都用在学习上。

“不能只做产品，要做精品。”屈晓光深知肩上责任重大。“这是生命。”特殊的工作性质，让屈晓光深谙国家利益高于一切的道理，所以要学习，因为“水平高了，才能做精品”。为了“生命”，多么严谨都不过分。刚读博士时，导师黄培康让屈晓光每个月写一篇学习体会，第一篇学习体会上，“全是红的，老师连标点都帮我修改了。”

这件事让屈晓光记忆犹新，“小事会做未必做得好，做得精。”“只有工作更多，才能做得更精。”

在我国的航天事业中，有大批大批的人都在默默奉献，不为人所知。屈晓光说，航天人是现实主义者，他们精益求精，不急于求成；航天人更是理想主义者，很多人拒绝了市场化公司的高薪聘请，因为他们的事业是国防事业，他的目标是保证国家安全，他们也因此体会着祖国航天工作中的曲折、成功和快乐。

发表媒体：《中国青年报》
发表时间：2008年5月10日

戴天方：喜欢在数控一线干活

索阿娣　张　腾

戴天方，中国航天科工集团公司高级技师，三院 239 厂首席技师、班组组长，全国五一劳动奖章获得者。

2005 年，他被授予中国航天科工集团公司“中青年技能接班人”、国防科技工业 511 人才工程“优秀技能人才”等称号，被评为三院全年度“质量信得过职工”。2006 年，他获得北京市“数控技能大赛”第五名，被授予北京市“经济技术创新标兵”、三院“劳动模范”称号。2007 年，他又获得航天基金奖。

戴天方穿着蓝色的工作服，在机器轰鸣的车间里忙个不停。这是他最自然、最真实、最舒展的状态。

在交谈中，他屡次提及班组工作的平凡，对个人所获的诸多荣誉有些诚惶诚恐。他说，自己非常喜欢在一线干活，但身为班组长，必须得学管理之道。这对他是个不小的考验。

他的话语不多，但不乏独特见解，用“睿智”二字形容亦不过分。

"太突然了，我在心理上还没有做好准备。"5 月 20 日，面对"从天而降"的全国五一劳动奖章，中国航天科工集团公司三院 239 厂高级技师戴天方觉得十分意外。

在他的心目中，这一奖项似乎有点遥不可及。虽然工厂让填了申请表，但是填完之后，他并没有过多关注，依旧天天扎在无休无止的零件加工工作中。用这位 38 岁高级技师的话说，就是"我喜欢在一线干活"。

拿了薪水就要对得起岗位，这是一个人起码的良心。良心是底线，上面才是责任心

1989 年，技校毕业的戴天方成为 239 厂的一名普通工人。短短一年后，他被调入数控组，成为厂里最早接触数控机床的少数人之一。

"拿了薪水就要对得起岗位，这是一个人起码的良心。良心是底线，上面才是责任心。"这是戴天方经常挂在嘴边的一句话。秉承这样的理念，在没有什么人可以求教的情况下，他开始了数控加工技术的自学。

数控加工技术是世界工业技术的前沿，数控加工设备也是高技术含量的机电一体化产品。这让戴天方感到十分兴奋。

然而，看着满是英文标识和软件资料的数控设备，他有点发懵，有种"两眼黑"的感觉。初中时戴天方学的是俄语，技校时学的一点英语在那时也显得杯水车薪，但是硬着头皮也要掌握。

在师傅的点拨和自己的摸索下，他逐渐掌握了数控加工技术的基本要领。

1995 年，凭着几年来积累的工作经验，加上对产品的了解，戴天方被选为班组的副组长，和组长王金海（后被评为"特级技师"）一起带领大家干活。2004 年，他接替王金海，成为数控三组的组长。

2000 年以后，各种数控技能大赛如雨后春笋，开始在中华大地涌现。为了能发现自己的短板，在专业领域得到提升，戴天方有意识地参加数控技能大赛。其中，2005 年的北京市职工数控技能大赛，是他印象最为深刻的一次。

虽然工作多年，但他仍然觉得特别紧张。一有闲暇，就拼命看书，学习各种理论知识，熟悉考试指定机床。最后，他得了北京市第五名的成绩。

“稍微有点遗憾的是，比赛的兴奋点还需要进一步调动。不过，也确实开了眼界，因此我非常鼓励现在的年轻人参加技术比武。”回想起来，戴天方感慨良多。

在近 20 年的工作生涯中，真正给戴天方巨大锻炼的还是 2005 年到 2007 年的三年。“这三年，很苦！很累！究竟干了多少急难重活，我也说不清楚了。”戴天方以轻描淡写的一句话，给这三年作了概括。

也就是在这三年，他被授予中国航天科工集团公司“中青年技能接班人”、国防科技工业 511 人才工程“优秀技能人才”等称号，被评为三院全年度“质量信得过职工”，被授予北京市“经济技术创新标兵”、三院“劳动模范”称号，并获得航天基金奖。

产品仿佛就是自己的孩子，他的教育过程就是你的加工过程。如果一不小心制造出了废品，十分可惜

戴天方常爱打这样一个比方，他说：产品虽然没有生命，但是工人对它赋予了感情，仿佛就是自己的孩子。从毛坯到初具形状再到合格品，如果一不小心制造出了废品，十分可惜。

刚开始操作数控机床时，戴天方总是慎之又慎，生怕由于人为的误操作造成不必要的损失。为此，他养成了良好的工作习惯：在加工前首先看清图纸，读懂工艺，找出加工难点及需要注意的问题，然后再考虑用什么方式方法加工。

数控机床加工的活大致可分成两种：一种是对工艺已经定型的产品进行批量生产，一种是为正在研制的产品生产样品。通常来说，研制的活要比批量生产的活复杂难干，而戴天方接手的几乎全是研制活。

“这两年我那儿就像是试验田，要不断优化出最好的种子。某个产品一旦研制出来了，工艺定型了，加工方法定型了，就被拿走了。随之，新的产品又来了。”对此，他毫无得意或抱怨之情，认为都是自己分内之事。

戴天方目前操作的是一台大型进口龙门加工中心，承担着众多关键件、重要件的研制和批量生产。在加工某型号整体油箱中，针对主接头中的“L”型沟槽形状特点，他对原有加工方法进行了改进，采用先进的波纹刀具进行粗加工，使材料本身变形小，切削过程中施加外力小。同时，还采用机床主轴的变象限加工，保证了接刀面过渡平滑，有利于装配，在加工难度大的情况下达到了精度要求。

“35公斤的毛坯，按照工艺设计要求去除废料后只剩下2公斤，偌大的囊皮最后只剩下1毫米左右，而且很光滑，没有变形，没有印迹，达到了要求。”戴天方笑着说，光是加工过程中产生的废料，就让拉废料者苦不堪言。

在工作中，戴天方也会遇到卡壳的时候，但他从不轻言放弃。在他看来，做好手中的活，既是对自己负责，也是对前后工序的人负责。每有卡壳，他总是积极开动脑筋，同时广开言路，听取各方意见。

数控技术日新月异，如果不注重学习，势必会被淘汰。几年来，“学习责任令”让我们的技术变得越来越精湛

戴天方所在的数控三组是 239 厂机械加工部的重要班组之一，担负着关键零部件的机械加工任务，组内机床都是大型精密数控设备。22 名组员中，有特级技师 1 名，高级技师 2 名，半数以上为机械加工专业大专毕业生，平均年龄为 29 岁。

这个班组先后被国资委、全国争创办授予“中央企业学习型红旗班组”和“全国学习型先进班组”等称号。

班组成立之初，组员大多来自其他非数控岗位。老师傅虽然传统加工经验丰富，但学历较低，对数控知识知之甚少。尽管个个摩拳擦掌，决心很大，但是面对满眼的外文资料，好像“老牛掉到水井里——有劲使不上”。

举步维艰之际，239 厂领导和机械加工部领导及时来到班组，和员工们促膝谈心，鼓励他们按照中央要求，在“创建学习型班组，争做知识型员工”方面下工夫，让班组产生“核裂变”效应，完成从“工具型”工作观向“创新型”工作观的转变，从“单一型”劳动者向“知识型”劳动者转变。

一席话语，让大家感觉到技能工人的春天正在来临。他们认识到，除了要有老黄牛的苦干精神，还必须具备创新智能型头脑。

于是，戴天方从厂领导手中领过了“学习责任令”：抓紧时间学习，力争短期内把班组工人培养成熟练数控操作工。在班组誓师大会上，组员们激情满怀，表示要尽快掌握数控技术，成为机器的真正主人。

作为组长的戴天方和特级技师王金海为全组制定了分阶段、按步骤的全过程学习构想，从掌握数控原理到基本操作，再到进行软件编程。此后，组员们只要有时间就会到车间来，结合型号生产中典型工件的数控加工过程，互相交流学习体会。

为了加强理论学习，班组创建了“图书角”，购买了《机械加工工艺与窍门精选》、《数控机床操作技术指南》等十多种加工理论书籍，丰富组员专业技能知识。这些“技术食粮”至今还时常应用于生产中。

由于生产任务繁重，全组不可能有整块的时间学习，他们就把时间化整为零，遇到生产中的难题，随时到图书角的书柜里“看一眼”。

在实际工作中，他们把重点放在工装夹具改造、新材料的应用与加工、数控编程的操作上，坚持每月定期召开组员学习交流体会，随时召开技术难题协调会。

常言道：学习在于虚心、决心、恒心、专心。大家利用一切学习机会，向厂内有经验的师傅学习，向技术部门的大学生学习，向安装设备的师傅学习。厂里又专门请来北京联合大学的教授到班组，手把手地传授数控加工领域的先进方法和手段。

经过一次次“抽丝剥茧”式的深入学习和钻研，大家很快胜任了数控加工工作。大家边生产边学习，结合生产实践学理论，再将理论应用到实践中加以检验。如此循环，受益匪浅。不到半年，许多人成为了全厂数控领域的“行家里手”，推动了科研生产任务的完成。

学习过程中，戴天方的班组还采用了“师带徒”的方式。经验较丰富、成绩较突出的技师必须带一名或数名徒弟。特级技师王金海一人带了数名徒弟，并将自己多年经验毫无保留地传授给年轻人。

为了实现“一专多能，分工不分家”的更高目标，他们还在全组范围内开展“岗位大轮换”，要求每个组员不仅要熟练掌握本岗位数控机床操作技能，还要熟练掌握组内其他数控机床的操作技能。目前，全组已有80％以上的组员能熟练操作至少两台数控设备。这样既能满足临时替岗、“多面手”的要求，又可为技术进行储备和积累。

同时，班组还积极鼓励全员参与三院、中国航天科工集团公司及北京市开展的各类青工技能竞赛，并连获大奖。

最大限度地发挥数控设备优势，最大程度地挖掘全员生产潜力，进行设备和人力的优化组合

每天早晨到班后，戴天方都会习惯性地去各机床前巡查一遍，看看任务的完成进度、质量情况等。如果知道某个工位换了新活，则一定要过去看看问问。

当被问及班组组长和普通组员的区别时，他脱口而出：“责任!”

在他的观念中，班组长要发挥好“领头羊”、“领头雁”作用：要求别人干好的，自己首先要干好；别人干起来有困难的，自己要勇于承担；重活、难活、累活，要抢在先。

同时，最大限度地发挥数控设备优势，最大程度地挖掘全员生产潜力，进行设备和人力的优化组合，从而促进“人、机、料、法、环”诸要素有效受控，也是他一直追求的目标。

数控三组目前的设备均是大型多轴联动的加工中心，科技含量极高。为了保证生产的有序进行，他组织人员与机电员配合，定期开展设备“五个重点检查”，即“重点检查正在运行的设备，重点检查维修过的设备，重点检查带病运行的设备，重点检查运行方式发生变化的设备和重点检查负荷重的设备”。

为了加强倒班中的生产管理，他们坚持生产交接班制度，要求组员做到“三个交接”，即“交接原始记录记载情况，交接区域环境卫生情况，交接其他情况和异常情况”。同时，做到“三个不接”，即“生产不正常、事故未处理完不接，工作记录不清晰、不准确不接，卫生区域不整洁不接”。

由于认真贯彻“五三三”制度，为设备管理和生产管理拓展了“绿色通道”。于是，人机配合到位，他们实现了“三班倒全天候运行”的生产模式，完善了“计件奖金加权系数考核”分配制度。

此外，班组还积极开展技术革新、劳动竞赛、合理化建议等活动。通过一系列革新措施，使加工水平和生产效率得到了大幅提高。先后围绕型号生产任务，开展了30余项技术创新、加工手段及方法优化专项改革，攻克了科研生产中的10余项技术难关，大大提升了企业的科研生产技能水平。

班组工作很平凡，但我可以问心无愧地说，多年来，数控三组没有出现大的安全和质量事故

在数控三组，流传着这样一句话：戴天方这个人什么话都好说，唯独在安全和质量方面不近人情。

对此，戴天方呵呵一笑：“班组工作很平凡，我们没有做出什么惊天动地的大事，但是可以问心无愧地说，多年来，我们没有出现大的安全和质量事故，较好地完成了科研生产任务。”

与机器打交道近20年，他深知安全和质量对于航天的特殊意义。特别是当了班组长之后，他给自己及班组定了个目标：杜绝安全事故的发生。

他责令各设备的主操作人为该设备的安全负责人，要求他们做到“违章操作我不干，发现隐患我提出”，并将之与考核挂钩。渐渐地，大家开始重视安全问题，摒弃了“与我无关”、“无所谓”等思想。

质量方面也是如此。戴天方制定了《班组工作条例》，并通过多种形式开展小组升级达标活动。他还将“年度质量工作计划”指标分解落实到班组，开展相关质量教育培训。

在他的示范下，班组成员也都养成了良好的工作习惯：在加工前首先看清图纸，读懂工艺，找出加工难点及需要注意的问题，然后再考虑加工方式方法；在机床加工过程中，精心操作，精心测量，严格执行“自检、互检、专检”三检制度，杜绝批次性、人为、低层次质量事故的发生。

在工作中，戴天方意识到“越忙越容易出现质量问题”，要求大家“越忙越要关注质量”，密切与工艺人员、检验人员沟通。

事实证明，这样的提示非常必要。近年来该组排除质量隐患数起，避免了较重大质量事故的发生。“质量是企业的生命线”这一理念已经在数控三组深入人心。

班组管理中，必须得理解年轻人。否则，时间一长，他和你就产生了隔阂，管理就不能够深入

作为班组长，戴天方不仅要在科研生产中起模范带头作用，还要关心组员的日常生活和身心健康，从多方面了解他们的需求，帮助解决实际困难。在他看来，这才是“以人为本”、“关注细节”的管理方式。

曾经有一段时间，戴天方在早上巡班时经常发现有年轻人打哈欠或者瞌睡。当得知是夜里上网的缘故，他十分生气，因为工作状态不佳，最容易出现安全隐患和质量问题。

那段时间，他晚上躺在床上，总是辗转难眠，思考解决问题的方法。

不久，他就对工作班次作了调整，尽量安排年轻的组员上中晚班，以便早上能够充分休息，保证工作时精神饱满。

这一举动让年轻的组员十分诧异，同时也很感动。

“北京与山区的基地不一样，周围充满着诱惑。对于年轻人，不能再以旧有的方式去教育，而要做好引导。首先要理解他们，其次要能够宽容。否则，时间一长，他和你就产生了隔阂，管理就不能够深入。”这是戴天方在解决问题中感悟出的一席话。

对于班组成员的加班情况，戴天方了解得最为清楚。看着高强度劳作下的同事，他也十分不忍，总是想方设法地在班次上加以调整。然而，很多时候，他也无可奈何。

一个星期六，厂里忽然来了急活，要求当晚必须干出来，让戴天方马上召集人。有位员工家住得很远，已经加了两天班，当时正在回去的地铁上。让戴天方感动的是，他得知情况后二话没说地返了回来。

这些事，戴天方都看在眼里。

在实际的工作中，班组长还会牵涉到工人的利益分配。戴天方要求自己必须公平公正，在根据个人技能特点分派活的同时，尽可能缩短利益上的差距。

他说：“每当员工感觉不公正时，要让他觉得你是最值得信赖的人。”

在近20年的工作中，戴天方始终坚持着一个信念，那就是做一名优秀的工人。如今，他又有了新的愿望，那就是通过自己的行动，为企业培养更多的热爱航天事业、愿意钻研数控技术、勇于实践创新的年轻人，为企业实现富国强军使命，贡献自己的绵薄之力。

与此同时，239厂正准备将数控三组命名为“戴天方班组”，使其在班组建设中产生更大的示范效应，成为一面高高飘扬在一线的旗帜。

发表媒体：《中国航天报》
发表时间：2008年05月29日

刘红光：焊花照亮求索之路

王玉祥　安文超

刘红光，特级技师，中共党员。1972年出生于内蒙古自治区呼和浩特市，现就职于中国航天科工集团公司六院红岗厂。他2000年获内蒙古自治区优秀青年岗位能手荣誉称号；2001年入选国防科技工业“511人才工程”优秀技能人才；2002年参加首届中国航天科工集团公司职业技能大赛，获电焊工组第三名；同年荣获中华技能大奖“全国技术能手”荣誉称号；2004年获中国航天科工集团公司“青年岗位能手”称号；2007年被评为特级技师。

采访印象

说服刘红光接受采访是一件比较困难的事情。一是刘红光所在的车间生产任务忙，而他又是车间工作的主力，常常是说不上两句话就得投入到紧张的工作中去，笔者只能等待下一个工作空隙；二

是刘红光对自己的工作总是轻描淡写，说没有什么可以炫耀的，干好工作是自己的本分。

然而，当谈及焊接专业时，刘红光就会情不自禁、滔滔不绝地讲述起自己的酸甜苦辣，以及一个个难忘的瞬间，对工作的热爱让他在不经意间表露了自己的内心世界。此时的刘红光，略显羞涩的面容上流露更多的是对专业的自信与憧憬，以及对干好本职工作、服务航天的无上光荣。

创新是进步的最好动力

“我手中的焊枪就是航天产品的生命，必须每时每刻保持百分之百的精力集中，用心去感受每一条焊缝，用心去凝结每一个焊点。”

1990年，从内蒙古自治区航天技校毕业的刘红光成为六院红岗厂的一名普通焊工。18年间，他从一名普通的焊工成长为一名年轻的特级技师，经他的手焊接的航天产品不计其数，产品质量却始终保持着100%的合格率。“急、难、险、重”的航天任务成为他一次又一次不断实现自我超越的最好台阶。

采访中，在刘红光不自觉地捋起袖子时，笔者发现他结实的胳膊上布满了点点疤痕。起初笔者以为是蚊虫叮咬后留下的，在和他交流中才知道这是焊花留下的。“发动机作为航天产品的心脏，焊接工作是非常重要的一环。每一条焊缝必须在焊接中一次成型，必须在规定的时间内转入下一道工序，为了保证产品质量不受影响，有时焊花掉在胳膊上只能忍着，直到焊接工作完成为止。”刘红光说。

作为一名焊工，工作中的刘红光不放过每一个细节，不断学习、摸索、钻研、实践，总结出了“望、闻、问、切”的工作方法。

“望”即观察，是他工作的第一要诀。“刚来时什么都不会，连焊枪都拿不稳，而且没有产品可以拿来焊接，最好的学习方法就是看师傅干活儿。”刘红光诉说着刚入厂时的窘境。但天生聪颖的他即便在看的时候，也不放过任何一个细节。他观察师傅什么时候下枪，从什么方位入手，焊接到什么火候，并一一熟记于心，好像自己比师傅还投入，还紧张。遇到了一时想不明白的问题，他便用随身携带的小本子记下来，工作之余向师傅请教，直到把问题彻底弄明白为止。

“科技发展日新月异，产品种类繁多，只有不断用新的知识武装头脑，才可以获得前进的动力。”刘红光的这句话道出了他的第二个要诀“闻”。向书本学习是刘红光长年坚持的习惯，走进他的家里，温馨的小屋中摆满了各类书籍，其中以焊接类居多。多年来，刘红光利用休息时间，自学了大量焊接、机加、工艺等方面的书籍，光工作笔记就有20余本。此外，他还修完了电大的课程，获得了本科文凭。工作中，刘红光时时处处向别人学习，不管对方年长年幼，只要有他需要的知识，他就虚心向别人请教。有时外出比赛或学习，看到别人的绝活，他会“厚着脸皮，死缠硬磨”，一定要把别人的绝活学到手。

“问”，是他的第三个要诀。工作中的刘红光好像永远有思考不完的问题。通过在工作中的不断发问，刘红光曾荣获六院职工经济技术创新工程一等奖，“五小”成果三等奖等奖项。他“问”出了水平，“问”出了学问。

“焊接工作虽然有成熟的工艺，但焊接手法很重要，熟练的手法是保证产品质量必不可少的条件。”这就是刘红光的第四个要诀：“切”，即实践。由于航天产品的高质量要求及材料的特殊性，当学徒工那几年，刘红光只能利用废弃的边角料进行练习。他从多个角度、方位进行焊接，不断摸索、积累经验。手工氩弧焊接，技术水平往往体现在对不合格品进行的补焊上。这是一道关键工序，难度大、任务重、技术指标要求高，直接影响产品能否按时出厂。近几年，工厂各种发动机的补焊工作几乎全部落到了刘红光的头上。善于动脑、勤于动手、敢于创新的刘红光，针对不同型号产品的特点，摸索出了多种补焊方法，补焊工作全部一次性100％合格。

当笔者问及“你为什么能够18年始终保持产品质量100％合格”时，他笑着说：“我喜欢这份工作，看着每一件合格的产品从我手中诞生，别提有多高兴了。”

要成为工作上的行家里手

“三百六十行，行行出状元。焊工这一行很苦很累，但我既然选择了这一职业，我就要干好，成为工作上的行家里手。”

36岁的刘红光曾多次荣获国家级、省部级奖励，2007年又被评为六院最年轻的特级技师。他的要诀在于，干工作就要干成干好，成为工作上的行家里手。

现年50岁的陈勇是刘红光的师傅，曾培养出多名优秀的焊工。谈及刘红光时，他不住地称赞：“这孩子脑子灵、爱钻研，能吃苦、又踏实肯干，有一种‘打破砂锅问（纹）到底’”的精神。”1998年，工厂举办了第一届导师带徒活动，陈勇与刘红光结为师徒。结业时，刘红光获得了理论考试与实践操作的双料冠军，成为工厂有史以来第一个直接从初级工晋升为高级工的工人。

20世纪90年代，铱星变轨发动机是六院打入国际市场的一项重要产品，它的最终按时交付也凝结了刘红光的智慧和汗水。该产品点火器环形药盒壳体材料为薄壁铝管，导热系数大、易变形，还易产生气泡、裂纹等缺陷，焊接工作的成败直接关系到发动机能否按时交付。如果该产品不能够按时交付，将对国家信誉造成不良影响。当时还不到30岁的刘红光，二话没说就接下了这项任务。面对这一时间紧、难点多的工作，他反复设计每一道焊接工序，翻阅一本本焊接资料，并向老专家、老工人请教。思想的火花最终被激发了出来，不久他便设计出了有效的焊接工序。经过几天的反复试验，一个个焊接的最佳参数被他捕捉到了，最终该产品焊接合格率又创下了一个100％。

2004年的一天，刘红光按照常规的工艺程序完成了某产品的焊接，之后被告知产品质量不合格。刘红光说起那一天，仍然记忆犹新："整整一天我都陷入了深深的思考中，脑海中不停地回忆着焊接的每一个步骤，但仍然没有任何头绪。"思前想后，刘红光产生了"是不是焊丝出了问题"的念头。他拿着自己焊接时保留下来的焊丝忐忑不安地来到X光检测工房。经X光探测，焊丝中的大量杂质导致产品焊接质量不合格，刘红光的一头雾水顿时消散而去。由此，为工厂避免了由于焊丝不合格造成的同批次产品不合格的损失。

笔者采访时，刘红光的徒弟马广坤正在进行产品的焊接。从包头职业技术学院毕业的他，学的是检测技术专业，可以说是焊接工作的"门外汉"。但在师傅刘红光的指导下，不到半年他就可以独立进行焊接工作了，而且产品合格率达到90%以上。他说："师傅对我工作要求很严格，为我规定了学习书籍，要求定期上交学习心得，他经常教导我，工作上要成为一个行家里手，生活中要踏踏实实做人，对得起自己手中的这份工作。"

军功章的另一半属于她

"成功并不是我一个人努力的结果，有老师的教导，师傅的关怀，同事的帮助，还有妻子的支持与帮助，成绩的一半属于她。"

韩雪，内蒙古自治区航天技校毕业，1997年与刘红光喜结连理，现工作于六院红峡厂。采访中，每当提到妻子时，刘红光不善言谈的脸上总是很动情，也很内疚。"我欠她的太多了，结婚11年，没有好好陪陪她、照顾她，包括她在动手术住院期间最需要我的时候。而她却默默地承担了家中所有的活儿，我是一个不称职的丈夫。"这个平时不动声色的大男人眼角湿润了。

结婚11年间，刘红光在工作上总是随叫随到，再难也没有向领导请过假，他的全部心思都扑在了工作上。而在此期间，韩雪却经历了大大小小的5次手术，每次都是她一个人孤零零地走上手术台。"结婚这么多年，刘红光从来没有休过一个完整的假期，也没有时间陪我和孩子好好玩一次。孩子每次的请求，换来的都是‘爸爸工作忙，抽不开身’，家里从柴米油盐到抚养孩子、照顾老人，几乎都是我一个人包办了。”韩雪的话中虽带有埋怨，但更带着理解。

2001 年，刘红光的儿子出生了。做了爸爸的刘红光连短暂的假也没有休，忙碌的工作让他无暇照顾妻子和儿子。身体虚弱的韩雪有一天去商店买东西，在路上不小心摔了一跤，钻心的疼痛让她一时爬不起来。路过的同事当即给刘红光打电话让他过来，但他却由于手头正忙着，抽不开身，只能请求同事帮忙把妻子送到医院。经过 X 光检查，韩雪骶骨骨折，需要卧床休息一个月。而在这一个月里，韩雪照例没有得到刘红光的多少照料和护理。

刘红光说：“有时我很怨恨自己，感觉自己太自私了，经常发誓要抽出一些时间陪陪家人，但每当工作与生活发生冲突的时候，又总是倒向了工作一边。”2007 年 7 月的一天，是刘红光与韩雪结婚 10 周年的纪念日，还赶上了星期天，刘红光原本答应要好好陪妻子过一天。可是到了当天上午，单位打来电话说要加班，一切计划都泡汤了。黄昏的时候，当刘红光拖着满身灰土疲惫地走进家门的时候，妻子已经准备好了一桌子的饭菜。

韩雪说，刘红光加完班回来，喜欢用热水泡泡脚，有时他坐在床边泡着脚就睡着了。还有一次，韩雪晚上外出，嘱咐刘红光煮点牛奶喝。过了 2 个多小时，韩雪回家后被眼前的一幕惊呆了：牛奶溢了一地，铝锅几乎成了一个黑色的焦炭锅，煤气的火苗已被浇灭了，但气体还不住地往外冒，气味刺鼻。“幸好丈夫和儿子都没什么事，他们两个都已经进入了梦乡。”韩雪动情地说：“他太累了，真的需要好好休息休息。”

而刘红光说：“我很幸福，生活给予我很多，不仅让我在工作上获得了很多荣誉，更让我娶到了一位善良贤惠的妻子。”

“身体是革命的本钱”

“焊工，尤其是手工焊，是一项体力活。有时一干就是几小时，甚至要连续几天加班。下班后常常是腰酸背痛、头晕手麻。如果没有一个好的身体，根本无法把这项工作坚持下来。”

36 岁的刘红光是一个身高一米八的壮小伙，体型一看就是“运动型”。据韩雪介绍，从认识刘红光以来，他就酷爱运动。刘红光擅长篮球、游泳、滑冰、羽毛球、排球等项目，在学校读书的时候就是体育运动的活跃分子。

据红岗厂团委书记介绍，刘红光不仅是工作上的能手，而且是厂里的体育骨干，多次代表工厂、六院去参加中国航天科工集团公司组织的体育赛事，而且获得了不少奖项。刘红光经常告诫年轻人，身体好才能工作好。现在刘红光是一车间焊工组的副组长，工作中经常带领大家一起讨论问题、解决难题，业余生活中组织大家进行体育活动，不仅强健了体魄，更促进了团结，增强了组织的凝聚力。

发表媒体：《中国航天报》

发表时间：2008 年 10 月 9 日

朱宇：赤子之心报国情怀

杨　熠

朱宇，研究员，毕业于重庆建筑工程学院工业电气自动化专业，获国家科学技术部颁发的科技奥运先进个人称号，中国航天科工集团公司科技奥运先进个人和集团公司科技奥运工程中心年度科技奥运安保工程先进个人等荣誉称号；在完成的200余项工业与民用建筑物的工程设计项目中，荣获过国家优秀设计金奖和部级一等奖二项及部级二等奖一项。

三线搬迁　青年才俊初露锋芒

1962年8月，朱宇出生在四川渠县的一个普通干部家庭。5岁丧父的他，年幼立志，发奋读书，立志改变自己的命运。少年时，他不仅要照顾年幼的弟弟、妹妹并承担繁重的家务劳动，还要刻苦学习，学习成绩在学校里一直名列前茅。在初中和高中学习期间，

他一直担任班里的学习委员，是老师最欣赏的学生之一。17 岁时，他以优异的成绩考入重庆建筑工程学院。

大学期间，由于家境贫困，朱宇虽然一直享受最高助学金，但个性要强的他，常常利用假期在学校实验室勤工俭学，并兼任实验室实验员，为学校承担了大量电类专业实验室的仪器维修工作，而且还成为教师、教授们的得力助手。心怀感恩之情的他，在 4 年的大学生活中，学习颇为刻苦、成绩始终优异。勤工俭学的经历也很好地锻炼了他的动手能力。为了学到更多的知识，他还去重庆大学无线电系旁听了两年无线电通讯专业课程，并以优异的成绩通过考试。

1983 年 7 月，他走入中国航天建筑设计研究院（七院）的大门，从事建筑电气设计工作。

中国航天的光辉业绩开启了朱宇少年时的理想之门，神秘的航天基地成为朱宇向往的地方。当得知自己已被挑选到航天系统工作时，万分激动的心情，让他从此下定决心，立志为航天事业奋斗终生。

20 世纪 80 年代正是我国大型国有企业和军工产业面临重大产业结构调整和空间布局转移的关键时期，60 年代进行三线建设的航天基地面临重大搬迁的任务。此时，为火箭发动机提供关键试验的〇六七基地水力试验室也面临搬迁，但前提是必须在具备新技术条件的情况下才能搬出山沟。在基地宏伟壮观的山洞里，从苏联引进的庞大设备、系统和严格的搬迁条件，成为搬迁工作最重大的科研难题，严重阻碍了此项工作的进行。许多在此工作了一辈子的老同志都摇头叹息，甚至几乎要放弃随基地搬迁的愿望。

当刚刚毕业的朱宇接触到这些可爱又朴素的航天人的时候，崇敬与感动鞭策他一定要为最可爱的人做些什么。“他们已经为航天事业奉献了自己的青春，不能再让他们寒心”他下定决心。初出茅庐的朱宇，勇于挑战，提出大胆设想。在基地的大力支持下，他立项、主持论证并参与研制和设计的高压中频发电系统，对试验室原中频电源系统进行了突破性技术改造，彻底解决了困扰试验室长达25年的电源问题，为该试验室随基地调迁在技术上起到了决定性的作用。同时，该系统成为国内首次采用超大容量可控硅整流技术的应用实例。

在历时4年多的设计、研制和建设过程中，朱宇数十次奔波于北京和地处秦岭深处的〇六七基地之间，其中在人烟稀少、生活条件艰苦的大山深处工作累计近一年的时间，克服了重重困难。基地在该试验室投产后的使用报告中指出：“本试验室技术改造后，试验能力提高了3倍，每年按最低试验台次计算，还可节约用电约40万度；本工程已取得了显著的经济效益和社会效益，并具有多项技术创新和突破，尤其是在对陈旧设备进行重大技术改造后，其产生的惊人效益为国内屈指可数，为我国航天工业布局的战略转移和航天事业的腾飞做出了巨大的贡献。该试验室总体技术达到国际先进水平，跃居世界第三、亚洲第一。”时至今日，该试验室仍在我国大推力火箭发动机的研制和批生产中发挥着重要作用，为我国运载火箭的研制和载人航天工程的完成做出了卓越的贡献。该工程于1998年、1999年分别获部级优秀工程设计一等奖、国家优秀设计

金奖。

此后，在“航天现代温室”的研发工作中，朱宇参与了 30 余栋、总面积约 15 万平方米的“航天现代温室”的研发、设计和建设。他研制的温室自动控制器达到了国外同类产品的先进技术水平，扭转了以往依靠国外进口控制器的局面，使温室控制系统的成本降低了近 60%。“航天现代温室”先后获得了原航天部科技进步二等奖、国家星火计划成果奖和国家农业科技攻关成果优秀项目称号。

奥运安保　完成不可能完成的任务

北京奥运会、残奥会的成功举办，实现了中华民族的百年奥运梦想。中国航天科工集团公司的科技奥运工作顺利通过了奥运实战的检验，取得了突出的成绩和丰硕的成果。朱宇有幸成为集团公司科技奥运团队中的一员，担任了奥运场馆安保科技、指挥控制系统设计项目副总设计师、奥运场馆赛时临时技防和监控系统建设项目总工程师，用自己的智慧和汗水为祖国增了光，为奥运添了彩，奉献出了一片赤诚的航天心。

2006 年 3 月 16 日深夜，集团公司领导通报了一个好消息——在第 29 届奥运会安全保卫协调小组办公室和北京市 2008 工程建设指挥部办公室共同组织的奥运场馆安保科技系统设计招标中，二院、七院等单位代表集团公司参加投标并最终胜出。

令人振奋但同时倍感压力的会议一直持续到第二天上午，经过周密分析和讨论，集团公司决定：立即召集集团公司所属的二院、三院、七院、九院等单位共举航天科工之力，各自选派相关专业的技术人员参加奥运场馆安保科技系统的设计工作，并实行集中办公、统一食宿、封闭管理。七院将承担大量的设计图纸和设计文件的完成工作。

自此，七院开始全面参与集团公司组织的设计和建设北京奥运安保科技系统的工作。在集团公司和奥运安保“两总”的领导下，朱宇和同事们全力以赴调动各方资源，不辱使命勇挑重担，为奥运安保出力、为航天科工添彩。

为了圆满完成奥运项目的建设任务，七院原院长代立文向七院参与奥运场馆赛时临时技防和监控系统建设的团队提出了“不仅要干好，而且要干得最好”的严格要求，这也是七院对北京奥组委、对集团公司做出的庄重承诺。

北京奥运会的安防、安保工作“只准成功，不许失败”的军令状，给了朱宇和他带领的设计团队莫大的压力。在构想奥运场馆安保科技系统建设方案的那段时间里，他常常夜不能寐，有时睡着了都会梦到设计方案。是各级领导和技术前辈们的信任和支持给了他巨大的动力，使他斗志昂扬。想起那段艰难的日子，朱宇至今心绪难平。

在奥运安保科技系统设计初期，朱宇遇到的困难是前所未有的。由于我国第一次承办如此重大的国际体育盛会，再加上安防、安保行业的特殊性，不可能从历届奥运会举办国中获取有价值的参考资料。因此，设计和建设如此大型复杂并拥有中国自主知识产权的安保科技系统实属首例。

面对紧迫的时间和如此大型安保科技系统繁重的设计、建设任务，一家知名外国公司的专家们曾断言：这是“不可能完成的任务”。然而，在集团公司科技奥运工程“两总”和奥运安保“两总”的统一领导和指挥下，朱宇和同事们不畏艰难、勇挑重担，在没有专门设计规范和标准的情况下，率先“消化”了奥组委安保部、场馆运行部、公安等业务部门提出的安保要求，结合国家及行业的相关技术规范、标准，仅用了不到一个月的时间就主持编写出了《奥运场馆安保科技系统统一技术措施》、《奥运场馆场外及周界安保系统施工图设计规定》等6份纲领性技术文件，为设计工作提供了有力的技术保障。

朱宇还同集团公司奥运安保“两总”一道集思广益、勇于创新。他结合安保科技系统的实际需求，提出了 C4I3SRT（指挥/控制/通信/协调/信息/情报/集成/监视/侦察/处置）的全新设计理念，并在奥运史上首次成功应用；同时，还在安保系统设计中创造性地绘制安保资源覆盖图并直接应用于 GIS（地理信息系统）中，实现场馆技防监控资源控制范围的快速、直观、精确定位。这一创新的做法为国内安防、安保行业的技术发展提出了新的目标和标准。

朱宇高效地组织和开展奥运安保科技系统的设计工作，把自己的设计经验和技巧毫无保留地传授给每一位设计人员。他带领的设计团队以“严慎细实”的科学作风交出了令人满意的答卷，所有的设计图纸均一次性通过奥组委安保部的审查，一次性得到场馆业主和安保运行团队的确认。在涉及 94 个奥运场馆及设施、58 个周界的安保科技系统设计中，朱宇指导设计并审查了 3200 多张设计图纸，复核并填写了 500 余份设计校审卡，为按时、保质、保量地完成设计任务起到了决定性的作用。

在“好运北京”奥运测试赛期间，老山自行车馆群要参加全面测试，场馆安保运行团队希望安保科技系统达到奥运赛时的状态。此时距建设时间只有 4 天，看到有关人员那期盼的眼神，朱宇心里更是焦急。他深入现场的每一个角落，认真分析了施工条件后，向项目经理下达了施工指令，不惜一切代价在 4 天内完成任务。安保主任听到后，对施工人员们说：“快送你们的朱总去医院吧，他快疯了！”然而，工人三天两夜的不间断施工创造了奇迹，在测试赛开赛前的 4 个小时终于完成了任务。此时，工人们疲惫地躺在树坑里、墙角处进入了梦乡。“好运北京”奥运测试赛结束后，奥组委安保部和北京市公安局评价：老山自行车馆群的安保科技系统是全部奥运场馆中首个符合奥运赛时要求的场馆。项目部的出色表现得到了集团公司科技奥运“两总”和安保“两总”的表扬，石景山公安分局也为他们送来了锦旗。

在奥运安保科技系统的建设和研发过程中，朱宇为了确保系统万无一失，经常深入施工现场办公，在58个总长达百余公里的周界安保警戒线上，都留有他走过的足迹。他还创造性地提出了“采用多种入侵探测技术复合组网”、“采用光纤、电缆的优化互补传输信号”等技术方案，彻底解决了误报多、漏报多、盲区多、信号失真和电磁干扰等技术难题，实现了周界及区域无缝隙、无漏洞的整体技防监控。他主持了对某些安防安保实战技术的攻关，对多家供应商的产品提出了关键性的改造方案，并亲自指导厂家研制出了主动红外入侵探测器的调试工具——光学瞄准仪，较好地解决了长距离、多光束红外幕墙主光轴不易校准的难题，极大地提高了现场调试效率和系统的稳定性、可靠性。

为了使设计和建设的奥运场馆安保科技系统万无一失，他无数次牵头组织多方专家和研发人员召开分析会，发挥大家的聪明才智。在随后的调试阶段，安保科技系统经过一次又一次的严酷考验而最终合格。在奥运会期间的日日夜夜，安保科技系统运转良好，完全达到了设计的要求，成功地为奥运会、残奥会的顺利举行保驾护航，成为无与伦比的安保科技系统，被国际奥组委誉为：“今后奥运会安保的典范和标准。”面对成功，朱宇总是说：这是我们航天人共同努力的结果，是我们共同的荣誉。

为了成功　愧对家人抱病坚持

25年来，从军工和民用建筑电气设计、科研产品的开发研制，到奥运安保科技系统的设计、建设和运行保障，朱宇在专业技术领域和事业上没有留下任何遗憾。而谈到家庭，提到妻儿，他的付出确实太少了。儿子小的时候，经常生病住院，都是妻子陪护。妻子是中学教师，经常需要周末加班，平时照顾儿子入睡后还要备课、写教案，他却经常在办公室加班加点地工作。儿子上初中了，正赶上他参加奥运安保科技系统工程，尤其是临近奥运会开幕的头两个月，正值奥运安保科技系统建设的攻坚时期，为应对不断变化的安保部门业务需求，朱宇带领设计及建设团队克服重重困难，边设计、边建设、边调试，几乎没有时间和家人团聚，早出晚归的他几乎见不到孩子的面。难怪他上初中的儿子常常抱怨道："老爸又失踪了！"他却告诉儿子："老爸每次深夜回家和清晨离家时，都会亲吻你的额头！"儿子听到后也总是甜甜地一笑，并以老爸能为奥运做贡献而感到自豪。

在中国航天科工集团公司科技奥运工程中心工作的两年半时间里，朱宇几乎放弃了所有的节假日。不仅家里的事情一点也靠不上他，还反而让妻子时刻担心他的身体状况。尤其在奥运安保科技系统建设后期，他常常是晚上10点多钟从奥运场馆回到集团公司科技奥运工程中心办公室吃晚饭，接着又同"两总"和技术人员们开会商讨第二天的工作计划和内容，这使他原来就患有的胃溃疡、胃出血病史雪上加霜。因长期高强度工作，作息时间和饮食无规律，导致胃溃疡多次复发，他经常忍受着病痛的折磨继续坚持工作。

残奥会开幕当天，朱宇承担了安保科技系统运行技术保障值班工作，两次晕倒在办公桌前也不肯离开工作岗位。当得到残奥会开幕式平安无事、圆满结束的报告后，他疲惫的脸上挂上了笑容。几小时后的凌晨，他因再次突发胃出血进了医院。随后，他的妻子找到了他隐藏了大半年的病历本，望着医院2007年12月份就发出的"住院治疗"医学建议，妻子眼中的泪水默默地滚落下来……

发表媒体：《中国航天报》

发表时间：2008年11月27日

胡保朝：朴实无华驯火者

张国栋　王均武

人物名片

胡保朝，1962年出生、硕士、中共党员，现任中国航天科工集团公司九院国家重点航天型号固体火箭发动机专业副总设计师，研究员；国防科技工业系统有突出贡献中青年专家、国家863专家组成员、湖北省复合材料学会副理事长，北京航空航天大学、西北工业大学兼职教授；获国家科学技术进步奖二等奖1项、国防科学技术进步奖一等奖2项、二等奖1项、三等奖7项；享受国务院政府特殊津贴；全国五一劳动奖章、第七届中国青年科技奖、中国航天基金奖获得者；湖北省劳动模范、湖北省十大杰出青年、中国航天科工集团公司劳动模范。

20 世纪 70 年代末，坐在家乡中学简陋的教室里，聆听着自学了高中教材的老师为大家讲授三角函数的时候，一心希望跳出农门、不再像乡亲们那样披星戴月在田地里年复一年劳作的胡保朝不会想到，在未来的日子里，他会用所学的数学知识计算有关工程技术参数，研发出一台台性能优良的固体火箭发动机，助推一枚枚神剑呼啸升天，威风八面。

胡保朝有幸生在一个风雷激荡的大变革时代，一切都变得皆有可能。改革开放，开千年未有之变局，改变了太多人的命运。从 1979 年考上大学到今天，胡保朝的心路历程和人生轨迹，无不打上了这个变革时代的印记。

80 年代的懵懂、期冀与困惑

• 梦想做造船工程师，懵懂中进入了西工大学习火箭发动机设计

• 大学与研究生毕业时，在大都市和山沟之间他都曾面临过抉择

2009 年伊始，武汉汉口。在自己的办公室，坐在记者对面接受采访的 47 岁的胡保朝，有着数不清的头衔和荣誉，一位优秀的航天固体火箭发动机专家或许是一个较好的概括。记者很想知道，今日的专业及成就，是否就是他最初的梦想。

憨憨厚厚的胡保朝微笑着将思绪拉回到了 30 年前。

在一个文化消费非常贫乏的年代，一部看了好几遍的电影《造船台》，让少年时的胡保朝萌生了做一名造船工程师的梦想。这的确是个“梦想”，因为在那个动乱的年月里，一个少年怎能知道自己的未来在哪里。

1976 年，“文革”结束，胡保朝也进入了高中。重新拾起课本，胡保朝非常珍惜这来之不易的机会。在学习高中知识的同时，他也开始给自己补课。从初中一年级的课程开始，他挨个做课后的习

题，每个题都做一遍，即使是那些早已会做的题。

机会青睐有准备的人。1978 年，国家恢复高考，让胡保朝和同学们看到了一缕曙光。1979 年的高考，胡保朝成绩高出重点线 50 多分，他兴致勃勃地填报了哈尔滨船舶工程学院（今哈尔滨工程大学）。但是，命运跟他开了一个小小的玩笑，他收到了西北工业大学的录取通知书。本来，父亲也有些反对他当什么造船工程师，成天身上弄得油乎乎的。就这样，懵懂中胡保朝进入了西工大“红八系”（该系有着优良的传统，现为西工大航天学院）火箭发动机专业学习。

20 世纪 70 年代末、80 年代初，拨乱反正之后，大家都非常珍惜学习的机会。自认为知识面比较窄的胡保朝更是憋足了一股劲，抓紧时间拼命学习。大学几个暑假他都没有回家，在学校自学。大学 4 年，唯一一次外出“下馆子”，则是在毕业的时候。

1983 年大学毕业时，虽然对于回到湖北条件艰苦的科研单位工作有着心理准备，但是看到系里还有去北京等大城市工作的名额，胡保朝有些犹豫，毕竟大城市可以有更好的发展。于是，他向系指导员表达了自己想去北京的愿望。指导员不肯答应，胡保朝想不通，跟指导员吵了一架。指导员说，你的成绩很好，回到湖北有专业对口的工作，可以发挥专业优势。再回想起老师在专业课上曾讲到我国的火箭发动机水平与国外差距很大，于是，胡保朝服从了学校的工作分配，赴中国航天科工集团公司九院九部的前身——航天工业部〇六六基地设计所工作。

单位地处湖北省西部远安县的山沟沟里，几栋简单的楼房，四面环山，交通不便。一个星期可以去趟县城，路上还要搭上几个小时。艰苦的工作和生活环境给初出校门、意气风发的胡保朝浇了一盆凉水。回忆刚去设计所报到的情形，胡保朝说：“当时一下子心就凉了。”

淳朴的父母教导胡保朝，不管在哪里，踏踏实实做好本职工作、与领导同事好好地相处是本分。既来之，则安之。但是20世纪80年代初期，设计所的任务并不是很饱满，加之在工作中看到自己的不足和艰苦的条件等因素，胡保朝决心考研。单位要求毕业后必须回来，但是和胡保朝一起考上研究生的年轻人心里想：先上了再说。“抱有侥幸心理，有点‘曲线救国’（指离开山沟）的意思。”胡保朝并不讳言当时的心境。

离开母校4年后，胡保朝拎着行囊又一次站在了西工大的门口。工作了几年后再读研究生，胡保朝知道要学什么、该怎么学。两年多研究生的学习，让他在火箭发动机专业方面打下了扎实的基础。

1990年研究生毕业时，胡保朝面临着一次新的人生选择。那时，市场的大潮一浪又一浪地冲击着人们的思想和观念。当上海一家单位向胡保朝伸出橄榄枝时，他又一次陷入了犹豫：还要不要回山沟？山沟虽小，但那里可干大事业。最终，胡保朝还是选择了回到山沟。“从本科到研究生，钻研了好几年的专业放弃了，太可惜。”胡保朝说。

90年代的奋进、磨砺与收获

- 每天晚上他都梳理白天的试验情况，靠着勤奋他脱颖而出
- 连续两次试车失利，在巨大的压力下他甚至产生了放弃的念头

胡保朝回到了山沟里。青山绿水依旧，但是设计所、〇六六基地的形势却发生了新的变化，基地的型号研制已经起步，任务逐渐在增多。发动机系统是整个型号的动力和基础，其研制工作具有艰巨性和开创性的地位。虽然工作和生活条件依旧艰苦，但是艰巨的任务却激发了他前行的勇气。

一到设计所，正赶上国家某重点型号发动机的研制攻关工作。在老一代航天人的带领下，胡保朝很快便融入到火热的型号研制工作中。

九部副主任张开春和胡保朝共事近20年。他说，胡保朝给他最深的印象就是工作非常勤奋。每天下班后，晚餐结束，胡保朝有一个雷打不动的科目：对这一天来的试验或工作情况进行整理记录，今天做了什么试验、什么状态、试验中发现什么问题……记录非常翔实。有时候，一整理就到晚上十一二点。慢慢的，这样的工作笔记积累了厚厚的五六本。后来，胡保朝的手写笔记成为“抢手货”，常有年轻的同事借去看，因为这些笔记已经成为一份宝贵的资料。

天道酬勤。胡保朝很快成长为发动机系统的骨干力量，研究生毕业后第二年，他被提升为设计所发动机室——三室的副主任。某型号固体火箭发动机是整个型号系统研制的关键，时间紧、难度大。胡保朝和同事们挑起了这个担子。他们不畏艰难，苦战400多个日日夜夜，攻克一个又一个难关，取得了试验的圆满成功，为该型号的成功奠定了坚实的基础。

随后，他又主持和组织参加解决了许多重大工程关键技术问题。某成果成功解决了发动机推力终止时反推力计算精度问题，为型号研制节省了大量的试验经费；某成果为固体火箭发动机实现推力可控开辟了新的技术途径。作为项目负责人和主要完成人，两项成果均获得部级科技进步三等奖。

有人问胡保朝，为什么对技术吃得这么透？他的回答是，并不是因为我聪明。“不经过挫折，就不会长知识，进步就不会那么快。”胡保朝告诉记者。

有一次，胡保朝主持某重点型号发动机方案设计。发动机第一次试车，失败；改进后第二次试车，比第一次败得更惨。该发动机的成败，关系重大，上上下下都盯着这个发动机。作为技术总负责人，胡保朝承受着巨大的压力。那个时候，胡保朝晚上经常会做噩梦，或者突然醒来。他甚至怀疑自己的能力；甚至，他还产生过放弃的念头。冷静下来，反复计算、分析，发现还是技术没有吃透。拨开云遮雾罩的技术迷雾，他的心情也豁然开朗。

研制发动机，巨大的心理压力无法避免。有一次发动机试验时，胡保朝在主控室，试验还没开始，他的手心里已经全是汗水。胡保朝笑言："搞发动机就是玩火，点一次火（指发动机试车）、少活一年。"但是，既然选择了驯火者的职业，胡保朝就无怨无悔、步履坚定地往下走。在上一个型号的发动机研制定型之后，胡保朝又和同事们瞄上了性能更好、要求更高的新型发动机。

1997 年，在某新型号研制的关键时期，因为外协厂家生产的材料出现质量问题，导致了一次试验失利。这时胡保朝刚刚走马上任发动机系统主任设计师，这对他无疑是一次严峻的考验。胡保朝深感压力之大、责任之重，他积极组织力量，认真分析查找原因，不放过任何疑点；派专人跟踪外协厂家材料生产的全过程。根据查找的原因，他们采取有效的措施，经精心设计，保证了定型试验获得圆满成功。作为第一完成人，胡保朝主持研制的该发动机系统也获得了国防科技进步奖一等奖。

由于成绩突出，1998 年 3 月，胡保朝被任命为〇六六基地型号副总设计师。作为型号副总设计师，胡保朝着眼于基地的未来与发展，积极开展新型发动机的预先研究。他先后主持并组织完成多个

预研型号发动机系统的设计与研制工作。某型号发动机的研制中，新技术多、新材料多、新工艺多、新厂家多，在国内尤其是在〇六六基地是一项“上台阶”的技术，同时也是关系到该基地未来型号发展的一个重大项目，难度、风险可想而知。如果试验失败，基地将会在争取新型号立项中处于极为被动的局面，自筹的2000多万元研制经费也将付诸东流。

胡保朝和同事们决心以自己的实力和信心去搏一搏。他们知难而上，经过方案论证、精心设计、大量理论分析和技术攻关，2000年初进行的首台发动机试车获得了圆满成功，填补了我国该尺寸系列固体火箭发动机研制的空白，受到上级领导的赞扬。

今日的荣耀、沉淀与感悟

- 20多年来，和同事们为九院在发动机领域打拼出一片新天地，是他最自豪的事情
- 他提出再增加一名专业副总师，别人说这不是找人跟自己抢饭碗吗

从参加工作至今，胡保朝已经在火箭发动机专业领域辛勤耕耘了20多年。20多年来，在发动机专业领域，胡保朝和同事们为九院打拼出了一片新天地。目前，九院的发动机已达到国内先进水平，在国内市场占有了一席之地。1983年胡保朝刚到设计所时，当时的〇六六基地只有一种型号的固体火箭发动机，如今九院已经拥有了30余种不同型号的固体火箭发动机。胡保朝说，这是他最值得自豪的事情。

20多年来，胡保朝从一个初出茅庐的大学生一步步成为九院发动机专业的领军人物，也从一个青涩小伙变为一名从容淡定的中年人。

做人，大家都说胡保朝最洒脱。有一次，他们研发的发动机获奖，根据规定，胡保朝作为第一完成人可以拿到奖金的70%。但是

他不这么做，他和几个骨干进行了平均分配。今年，某发动机获得了国防科学技术进步三等奖。在申报该成果时，大家一致将胡保朝排在最前面，胡保朝不干，坚持排在第三。熟识胡保朝的人都很敬佩他的为人，大家有点什么小矛盾，只要胡保朝出面，保准很快“摆平”。不知不觉中，发动机专家成了技术人员中的“兼职调解员”。

“我一直不怕团队里有人比我强。”胡保朝说。目前在九部发动机系统，只有一个副总设计师。为此，胡保朝多次向领导提出再增加一名副总设计师。这让很多人都不理解：这不是给自己找对手，抢自己的饭碗吗？可是胡保朝不这么想，他说：“在不同的岗位上，每个人考虑问题肯定是不一样的。不给年轻人压担子，会影响年轻人的成长速度。压担子，也是促进年轻人成长的一条有效路径。”

对于年轻人，胡保朝像对待自己的孩子一样。九部三室主任滕延军说，胡保朝对三室每个人的特点都非常了解，经常有针对性地给予指导。胡保朝要求年轻人要勤动手——记录和试验，勤动脑——思考，勤动嘴——提问、交流，勤动腿——常去车间与工艺生产人员沟通。

胡保朝深知在试验不顺时，技术人员本身就有很大的压力。因此，他并不轻易批评技术人员。“你干得不好，他不批评；你干得好，他来给你敲警钟。”三室某项目主管陈永钊说。

一面，他是一位温厚的专家，宽以待人；另一面，作为九院发动机专业唯一的副总设计师，他对自己有着更高的要求。在全国五一劳动奖章获得者、湖北省劳动模范等闪光的荣誉面前，他心中十分清醒：继续跟踪专业领域国际前沿，缩短和赶超国际先进，不断提升九院发动机专业水平才是重中之重，创新奋进之路永无止境。

采访印象

他是一个简单又不简单的人。说简单，是因为在采访开始时，憨憨厚厚的他甚至有点不习惯。慢慢地聊起来，感觉他特实在，痛痛快快、简简单单，好接触、好交流、好相处。说不简单，是他的成就——在几乎一穷二白的基础上，他和同事们经过20多年的努力，为九院在发动机领域打拼出一片天地。

他是一个洒脱又不洒脱的人。为人处世，胡保朝很洒脱，默默无闻，淡薄名利。但是在对待技术问题时他无法洒脱，技术上的问题解决不了，他吃不香、睡不好。陪爱人逛街，他却走在路上“旁若无人”地思考着问题。

他是一个没故事而又有故事的人。采访是一个不断挖掘采访对象的故事的过程，可是很难从他那里挖掘出“像样”的故事，甚至采访与他共事多年的同事，也挖掘不出故事。生逢其时，他的人生历程没有大起大落，这似乎也印证了前面所说的简单。说有故事，其实讲得都是关于技术研发方面的事情。

发表媒体：《中国航天报》

发表时间：2009年1月22日

“车”出精品献航天

——记电子科技公司孔祥斌

周志东

孔祥斌同志是中国航天科工集团公司〇六一基地贵州航天电子科技有限公司机加车间的一名普通车工，孔祥斌班组组长，共产党员，特级技师。多年来，他通过自己的不懈努力，在机械切削加工理论领域和实际操作中大显身手，在平凡的岗位上干出了不平凡的业绩。他先后获得了航天科工集团十佳“杰出”青年、“航天技术能手”、贵州省国防科技工业“技术创新能手”、贵州省五一劳动奖章、中央企业劳动模范等荣誉称号。

选择了学习，就是选择了进步

孔祥斌1990年毕业于贵州航天技校，分配到原天宁无线电厂工作，在车间从事车工至今已有20年了，他在车工岗位上敢于"啃硬骨头"，不断学习理论知识，积极钻研业务，提高加工技能，从一名普通的车工成为国家"511工程人选"。

孔祥斌勤奋好学，积极进取，按他的话说，"选择了学习，就是选择了进步"。2001年6月，他到北京参加技师高级研修培训班，培训期间，他利用空闲时间到北京西单书店购买了《机械加工工艺与窍门精选》、《机械加工手册》等十多种在贵州难以买到的书籍。回来后，充分利用业余时间学习数控原理、软件编程技术等数控加工知识，还通过上网、参加培训班的形式进一步学习掌握数控知识，巩固和加深自己的实际操作能力。

在科技知识日新月异的时代，不发奋学习就会落伍。在掌握好普通车床技术的基础上，孔祥斌逐渐地把眼光放在了数控车床技术上，从掌握数控原理到基本操作，再到进行软件技术编程，孔祥斌首先带头学习，在学习中遇到难啃的骨头，他还主动请车间或企业中的"数控高手"到家中辅导和补课。2005年，孔祥斌自费上千元，报名参加遵义市周末数控高级工培训班的学习，在一年半的学习过程中，他担任了该班的班长，并顺利通过了数控高级工职业鉴定，成绩名列前矛。当有人问到，你都达到高级技师级别水平，干嘛还要自掏腰包再费工夫。他的回答是："多学点东西。"

"一支独秀不是春，百花齐放春满园"，孔祥斌作为班组长，充分发挥表率带头作用，不但自己善于学习，而且还带领班组成员学习。努力将车工组建设成学习型班组，他采取"以老带新"的方式，不断提升班组成员的综合素质和业务技能，并在学习内容和方式上不断创新，根据组员参加工作的不同年限和所受培训状况及处理技术难题的不同水平，进行"缺什么补什么"。在学习方式上，孔祥斌常常以解决加工技术难题为目标，进行专题研讨。通过对加工工艺的修正、刀具角度的选用、工装夹具的设计、成形刀的刃磨、群钻刃磨诀窍等课题的研讨，有效地提高了班组成员的整体综合素质。

钻研业务，创一流业绩

孔祥斌最大的特点就是在工作中肯动脑筋，勤动手，他那双布满老茧而粗大的手是最好的见证。不断创新加工技术，孔祥斌更注重这方面的锻炼和培养，他除按时完成加工任务外，在自己的本职工作中不断摸索，想方设法改进工装夹具，提高工作效率，他运用所学的知识和平时的经验积累，对刀具、工装夹具、加工工艺方法加以改进，解决了许多零件加工中遇到的难题。据不完全统计，经他改进的工装、夹具、刀具等项目已达 10 多项。在公司开展的“五小”成果评比中，孔祥斌参评的“供油缸车工装”、“某型号产品机架镗孔刀具的改进”等项目均获得了“五小”成果评比一等奖。

功夫不负有心人。孔祥斌的小改小革在生产中得到了广泛应

用。2000年，公司承接某型号加工任务，该产品尚属首次生产，要求机架加工的精度不超过一根头发丝的1/3，其中一项名为“机架”的零件加工是这套产品加工中难度最大的一项，结构复杂、工艺要求特别高，他主动承担了这项攻关任务，设计制造出了结构特殊的内冷式镗孔刀，成功地解决了这一难题。第一次加工60件，生产时间花了18个月。孔祥斌反复琢磨，怎么才能省时省力？他先在工装上找答案，铁工装，铝工装，橡胶工装，都不行。他又搞尼龙套筒工装，效果不错。而后又在刀具上下功夫。第二次加工机架110多个，用了10个月。第三次加工300个机架，6个月！他的小改小革，不但提高了工效，而且还减少了废品。之后孔祥斌还把实践的成果上升到理论高度，撰写出了《机架镗孔工装改进》和《机架镗孔刀具改进》两篇论文。

攻克框架难题，是孔祥斌接到的又一攻关任务，这种零件只有香烟盒大小，里面的结构非常复杂，精度要求高，外面协作单位都掌握不了这项加工技术。爱动脑子钻研的孔祥斌，凭着平时学习中积累的知识和小改小革的爱好，他先是从钳工组找来花盘，装在车床上，自制土工装，经过打孔、手拧螺丝等摸索，这道难题便迎刃而解了，保证了产品进入后道铣床工序的进度。

由于孔祥斌在车工技能上的突出表现，2002年在他申报高级技师资格评审会上，18位专家评委一致举手通过。而且留下了一段客观公正的评语：孔祥斌擅长细长零件、难加工材料、大螺距螺纹和蜗杆及形状复杂且精度高的零件加工，并且对各类复杂零件车加工使用的工装、夹具、刀具的设计及制造，都有自己的独到见解。

近年来，公司以机械加工为主的型号生产量直线上升，孔祥斌主动承担公司型号产品关键件、重要件的加工任务，特别擅长细长零件、大螺纹和蜗杆及形状复杂的零件加工。孔祥斌在这方面表现更为突出，遇到难度较大的零件加工时，他总是主动请缨，在某产品加工过程中，产品的“供油缸”是一个关键件，如加工不好，将会直接影响到整个产品的质量，孔祥斌在加工该零件时，发现原来的工装装夹不合理，他积极改进加工方法，自制了一副工装，保证了生产出来的产品，合格率达到 99%。在加工某型号零件机架时，由于工件结构复杂，精度较高，以前加工的合格率较低，他经过认真分析，改进了加工刀具和工装夹具，提出并实施了新的加工方案，精心操作，加工后零件的椭圆度由原来的 0.4mm 减少到了 0.03mm，改进结果完全符合要求，产品合格率达到了 99%以上。此外，他还编写出了数十项高难度的零件加工方案。

车工一把刀。要干好车工，必须会磨刀，不然就干不好。这些行话俚语，孔祥斌早已铭记在心里。一次，要加工一批零件，只有一把老师傅留下的已经使用了 20 年的刀具，而且早就年久磨损了，车间送到外面的几家磨工具厂，回答竟是磨不了；而且当年亲手磨这把刀的老师傅也不在人世。为了完成任务，车间不得不向孔祥斌压担子，孔祥斌整整八天全泡在刀具磨车床边，终于将形状特殊的刀具磨了出来，加工产品经过调试获得一次成功。这一次小试牛刀，也赢得了全组人员乃至车间的一致敬佩。

立足岗位，发挥党员先锋模范作用

孔祥斌既是组长，又是共产党员，他始终以一名共产党员的标准严格要求自己，认真学习党章，积极参加党的宗旨教育和创先争优活动，充分发挥党员的先锋模范带头作用。当别人问他成功的秘决时，共产党员孔祥斌坚定地回答：“是党组织培养了我。”孔祥斌在艰苦奋斗中实现着自己的人生价值，在艰苦奋斗中获取人生的乐趣。孔祥斌说得好：我是一名党员，党员就是一面旗！为航天事业奋斗到底！近年来，孔祥斌多次获得了贵州省“优秀共产党员”光荣称号。

孔祥斌班组命名后，孔祥斌表示：“不骄傲”，“把压力变成动力”，“责任更重”，“不断创新不断努力”，声声句句都是自我的鞭策。

孔祥斌心里十分清楚，荣誉已经成为过去。现在他心里又在盘算着一个新的目标，那就是怎样带领大家继续掌握数控技术，达到摸熟和精通。争取用两年时间班组再添两个技师，全部达到高级工水平。

孔祥斌以他顽强拼搏的精神和昂扬的斗志，为祖国的航天事业做出了较大贡献。在荣誉面前，他戒骄戒躁，再接再厉，用青春和热血谱写了新一代航天人的创业篇章，为祖国的航天事业增添了美丽的光彩。

发表媒体：《中国航天报》
发表时间：2009 年 3 月 26 日

与砂共舞三十年

——记中国航天科工集团风华机器厂铸造特级技师毛腊生

丰　轩

人物小传

经历：中共党员，1956 年出生，1977 年中学毕业后进入中国航天科工集团风华机器厂工作至今。

荣誉：曾获得“航天技能大奖”、“国防科技工业有突出贡献的中青年专家”、“全国劳动模范”、“全国技术能手”、“中华技能大奖”等。

“拥有绝活，不惧金融危机”

4 月 25 日，星期六。本该是休息日，但位于贵阳的风华机器厂

铸造车间里仍是一派繁忙。特级技师毛腊生蹲在一座模型前，正全神贯注地用胶泥一点点抹平模型上针眼般大小的砂孔，之后又用酒精喷烧，火焰过处砂模泛出白色，现出更小的气孔，他再用胶泥涂抹一遍，直至表面光洁如玉。

“我们忙成了611!”车间主任俞开升解释道：“我们生产没受到金融危机影响。今年一季度生产同比增长1/3还多，大都是毛师傅的绝活招揽来的。我们加班加点，每周工作6天，每天11个小时，大伙笑称611工作制。”

“大伙现在累是累，但是累得痛快，累得自豪!”几位帮着毛腊生抬模具的年轻人笑言道。

“工艺创新，铸金字招牌”

毛腊生是造型工。造型工讲究的是尺寸精准，光洁度高。铸件成型后，无论是表面或内部都不能有丝毫的裂缝和气泡，否则就是废品。

车间里的39个造型工基本都是毛腊生带出来的。“毛师傅是造型工的核心!”俞开升说。

厂里有次接到一批许多铸造厂都啃不下来的复杂铸件的征询订

单。毛腊生就与设计部门一道探索出了一套“重叠浇铸”法，把订单接了下来，并使铸件的合格率达到了百分之百。他还与熔炼工序一起探索，解决了铝合金中易产生的“白裂纹”现象，攻克了这道铸造业普遍面临的难题。

一系列工艺创新使该厂有色合金铸造技术在国内处于领先地位。造型小组先后荣获贵州省和全国“五一劳动奖状”、团中央“青年文明号”等诸多荣誉。“风华厂的铸造技术已成为我国铸造行业的金字招牌!”俞开升自豪地说。

“心到手到，功夫自然成”

1977 年，20 出头的毛腊生在贵州绥阳县中学毕业后，进了风华厂的铸造车间。初中毕业的他最初看图纸都费劲，但他把业余时间都用了钻研技术上。基地办的初、中、高级技工培训班，他期期都以优异成绩结业。

造型专用工具不过 10 来种，毛腊生用起来可谓得心应手。毛腊生常对徒弟说：“首先要用心，心到手到，功夫自然成。”

正是这种对工作的热爱，毛腊生攻克了一个又一个技术难关，创造了一项又一项铸造新工艺。

劳动者感言

成功者都有一个共同点，那就是用心。用心对待职业也就是用心对待人生，成功的喜悦和生活的快乐都源于其中。

发表媒体：《人民日报》

发表时间：2009 年 4 月 27 日

责任成就梦想

——记全国技术能手、无线电装配工刘建波

刘双群

一名平凡的女工，把梦想寄托在一块块印制板上，在平凡的岗位上唱响了不平凡的劳动者之歌。她连续三届获厂电装工技术比武第一名；2007 年参加航天科工集团第三届技能大赛，获无线电装配组第三名；先后荣获“全国技术能手”、“科工集团杰出女职工”、“九院女职工标兵”等荣誉称号。

她就是中国航天科工集团公司九院万峰厂无线电装配工刘建波。自 1991 年参加工作以来，她一直与印制板相伴，不断刷新着自己的记录。

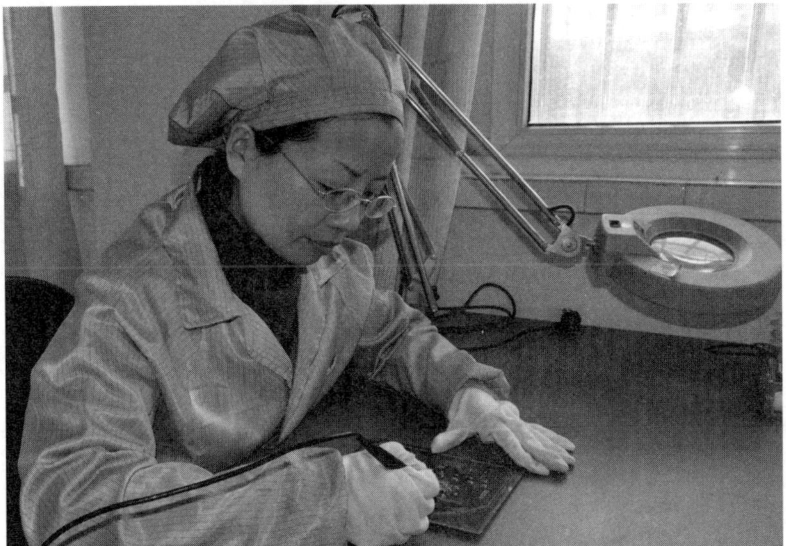

攻“尖”不畏难

印制板精密装配对操作者的要求非常高，某型号产品要装焊上万个元器件，刘建波严谨细致的工作作风和熟练过硬的操作水平，使她装配的产品从未发生过质量问题。随着产品高度集成化和小型化，装配难度随之增大。刘建波细心观察，用心琢磨，大胆实践，摸索出一套适合工厂现有条件下的操作方法。

在加工某块10层高密度印制板时，米粒大小的器件上有十来个焊点，蚕豆大小的芯片上有上百个引腿，约300平方厘米的印制板上汇集着几千个器件，加工难度前所未有，一时无人应战。刘建波经过半个月的摸索实践，终于加工出满足设计要求的产品。经系统调试一次成功，合格率100%，为产品的后续生产打开了通道。

学习无止境

刘建波对自己的要求非常严格，为使自己掌握的理论知识能跟上不断更新换代的产品步伐，她利用一切可以利用的机会学习。女儿养了两只小乌龟，她利用女儿要求她帮忙换水的机会与女儿谈了笔“交易”：她帮忙换水，但女儿必须向她提问，巩固自己的理论知识。

2008年，某印制板加工要用到150个某型号继电器，因焊点经常冒气泡或塌陷，造成虚焊，一次焊接合格率仅75%。为保证产品质量，必须进行二次焊接，既影响外观质量，又延长工期。刘建波带头成立了“继电器焊接QC小组”，经过查阅资料、分析试验后，与小组成员制定相应对策，经多次PDCA循环，一次焊接合格率提高到了99%。

传技不藏私

由于技能水平高，工厂安排她与新员工结对子，她成了一名导师。为提高徒弟的技能水平，她制订了学习、操作专项两年培养计划，与徒弟一起钻研新技术、新方法，每天加班3～4小时，以最快最好的速度完成承担的各项任务。

一枝独秀不是春，刘建波深谙其中的道理。因工作需要，车间引进了一台新设备。为了能快速熟练地使用该设备，刘建波迎难而上，每天忙完手头的工作便与工艺人员一起探讨加工方法，配合工艺人员做各项工艺试验，研究设备使用手册，熟悉设备的性能。功夫不负有心人，在她与工艺人员的共同钻研下，很快就掌握了各种贴片芯片的焊接方法，她将技术无私地传授给同事，并与同事多次成功地为兄弟单位拆卸产品中有问题的芯片。

"人生，是一种责任。我必须做到最好。"刘建波要求自己对企业负责，对岗位负责，对家庭负责。有志者，天不负，责任成就了她的梦想。面对成绩，刘建波没有停止攀登的脚步，她说，作为一名共产党员，就要与同事们为企业的更好发展勤奋工作。

发表媒体：《中国军工报》
发表时间：2009年7月24日

杨宝奎：倚天铸剑破穹苍

刘华英

杨宝奎，我国飞航系统总体设计专家，第十届、第十一届全国政协委员，中国航天科工集团公司第三研究院科技委副主任。

六十多岁的杨宝奎依然身材魁梧、声音洪亮、精力旺盛、博闻强记，让年轻人都佩服得五体投地。人们经常会把他和西北广袤无垠的大漠与坚韧挺拔的胡杨联系起来，倒几乎忘记他是在天津渤海之滨、蓟运河畔长大的。的确，杨总每年都要驻扎在戈壁滩做好几个月试验。十多年下来，有近一半的时间在大漠度过。“黄沙百战穿金甲，不破楼兰终不还。”在胡杨的陪伴下，他们挺过孤独与艰难，迎来了胜利和辉煌。

无论是当年选择北京航空学院，还是戈壁滩上，风雨黄沙中一百天如一年的艰苦攻关与喜极而泣的成功；还是试验队的严格管理、对年轻人的细致帮带以及大漠中开心和谐的试验队文化建设；还是全国政协会议上立足国计民生，深思熟虑后的建言献策……都使杨宝奎庆幸今生能与航天结缘，为华夏民族复兴贡献一个飞航赤子的智慧与忠诚……

两个“未敢忘”铭刻一腔赤子情深

那是几年前，某重点型号研制进入决战阶段后，舵机带飞试验却出现了故障！对整个型号研制进度的影响很大。作为该型号的总师、总指挥，千百双眼睛都在看着杨宝奎，压力巨大，可想而知！

艰苦的归零工作整整进行了100天。在戈壁滩，有时他们工作了一天，却毫无进展。当傍晚他们疲惫地从技术阵地无功而返时，大漠无声，残阳如血。此时杨宝奎的心理感受用滴血来形容并不为过。

四月的戈壁滩，狂风四起黄沙飞扬。杨宝奎带领队员在试验场地常常是一站就是几个小时，别人劝他回到车上休息一会儿，他倔强地摇头拒绝。有一天傍晚下着大雨，他披块雨布，骑着自行车赶去听归零汇报，到了办公室浑身上下没有一处干的，但他哪顾得了这些，他心里急啊。每天都是早上、中午、晚上连轴转，身心憔悴。一百天下来，他掉了十几斤肉！

最终，归零评审顺利通过。不过，随后的试验又跟杨宝奎开了个不大不小的玩笑，令人虚惊一场。

试验中，飞行状态非常好！然而在监控大厅的屏幕上居然什么也没看到?！杨宝奎的心“轰”的一下提到了嗓子眼！他一句话不说，一步跨出大厅，跳上车，火速赶往靶标处。当看到击中目标且穿靶而过时，他当时一下子就坐到了地上，一句话也没说出来，任由泪水夺眶而出，肆意流淌……

和杨宝奎接触过的人都会被他的博学睿智所折服，尤其是那深厚广博的专业知识。他说，老师有五个：书本、实践、归零、专家、伙伴，我一直在抓紧向他们学习。他认为，开卷有益，读书学习是一种快意和享受。每一次全新而艰苦的工作所带来的巨大挑战和重重困难，都是拓展创新和成功这两个更高级平台的基石。而专家和伙伴们的真诚帮助和积极影响总会使杨宝奎汲取到终生受用的无穷营养。

天道酬勤。由于突出的成绩和杰出的贡献，杨宝奎和他的团队分别于 2005 年与 2006 年获得国防科学技术特等奖和国家科技进步一等奖。

鲜花荣誉纷至沓来，但杨宝奎始终淡然处之。他说，“国家辛辛苦苦培养我那么多年，一定要回报，都是应该的。”

“谁言寸草心，报得三春晖。”杨宝奎始终牢记：压力责任未敢忘，抓紧学习未敢忘。这是他对祖国的承诺，也是在艰难困苦中支撑他永不停歇的内心信念。

铁军试验队开心乐章书写大漠和谐

杨宝奎的试验队，管理之严格、带队之细致、氛围之和谐，是出了名的。

试验队的管理有“三严格”：严格控制技术状态，严格落实规章制度，严格奖惩考核。

为了更好地对定型产品进行验收把关，杨宝奎编写了《双严文件》，对进场的产品，首先检查是不是按照《双严文件》验收过。此外，他还从技术、质量和计划上入手，狠抓管理，严格控制技术状态。

试验队的规章制度必须严格遵守。每天晚上 8：30 的技术例会是雷打不动的，没有参加的同志曾被严厉批评过。每天早上试验队员必须吃早饭，因为早晨食堂的小黑板上会公布一天的试验队安排。早饭已不是简单的进餐，它是试验队一天工作的开始。一个例会和一个吃早饭都如此，其他管理制度执行之严可见一斑。

关于考核办法，杨宝奎在试验队首创了“灰色”考评办法。通过考核以每个人的综合得分确定各自的岗位津贴，丈量自己职责履行的尺度，明确努力方向。这项管理举措受到了上级的重视，并推广到其他研制队伍中应用，其激励作用明显，取得了显著的成效。

杨宝奎深知人才培养的重要性。所以在带队伍培养年轻人方面，他苦心琢磨，更是细致入微。

有几个年轻人没有去吃早饭。杨宝奎特意找到他们，不过没有批评。他说，“能吃则能干。”这是杨宝奎的口头禅。你们不去吃早饭，有可能不知道试验队一天的安排和工作。再说你们都是试验队的骨干，我希望你们还能够以榜样的作用再带一批像你们这样能干的年轻人！从那以后，年轻人都按时去吃早饭，而且干劲十足！

今年冬天，某重点型号的首次放飞试验出现了问题。看过试验数据之后，杨宝奎心里已经基本有底。虽然自己可以解决，但他还是找来了十多个分系统的技术负责人、副总师一个个地找他们谈话，“你认为问题出在哪里?”“你认为应该如何解决?”等等，并带领他们一步一步地作验证，就这样在10天（大家都认为没有半个月是拿不下来的）之内顺利完成归零。在此基础上，第二次放飞试验完成得非常漂亮！

近几年，让杨宝奎由衷感到欣慰的是：在他的悉心带领下，已经有一大批优秀的年轻人迅速成长起来，在技术或者管理岗位担当重要工作，挑起了大梁。其中，仅主任设计师以上、行政副所长以上的领导就有40多位。

试验基地四周是茫茫戈壁，最近基地里才有了一个小超市。队员们每天过着三点一线的生活：试验现场、食堂、驻地，非常单调枯燥。为此，杨宝奎带领队员踏上了采风之旅。一路上，在他的带领下，一百多人的队伍，不畏寒风与刺眼的阳光，不惧松软的沙石和坚硬的骆驼刺，在茫茫大漠中浩荡前行，谓为壮观。终于大家咬牙坚持，到了！杨宝奎讲起饶有情趣的风土人情和传说故事……

很多人都将这一天来回行走十几公里的辛苦、痛快和振奋写进了日记。一位年轻人写道：“那天，却是靶场生活的另一面：快乐的锻炼、多彩的集体活动、勇敢坚强的精神风貌！”

这只是杨宝奎试验队文化活动的一项内容，此外还有“迷你”

(4.2公里）马拉松冬季长跑、《试验队员手册》知识竞赛、圣诞晚会、“三人制”篮球赛。试验队此行短短47天，文化活动不可谓不丰富！

试验基地的一位负责人说，我们参加了那么多大型试验，接触了那么多试验队，你们试验队的管理真是一流的！你们队员的素质真高！而队员们则说，在试验队里工作开心！以至于每次返回北京分别时，大家都依依不舍，不愿说再见。

一双慧眼关注民生　建言献策情系航天

在做好繁重的型号任务与管理工作的同时，作为第十届和第十一届全国政协委员，杨宝奎积极关注国计民生，用一双慧眼去观察，一颗慧心去思考，不断地献策于国，建功于民。

每年，杨宝奎都准备高质量的提案，呼吁解决关系到国防事业发展和与人民生活息息相关的事情。由其提出的《关于扩充、扩建中国人民抗日战争纪念馆的提案》《关于完善国防科技创新运行机制的几点建议的提案》《关于“进一步提高大学毕业生就业率的几点建议”的提案》等都受到了国家有关部门的高度重视。

去年政协会上，国防科技工业的评价机制和竞争机制，成为杨宝奎本次政协会议上思考的重点。

他认为，如果没有一套科学的评价体系，势必造成投资者的盲动。同时，市场的波动也可能影响军工行业的科研生产秩序，导致成本投入增大和浪费，甚至影响到国防科技事业的进步。对此他建议，要加快建立国防科技工业评价机制，建立重大决策必须经过评价的制度，健全评价体系，推进项目综合评价和合同评价，加强评价机构、队伍和基础建设。在国防科技工业竞争机制方面，他建议相关部门必须从军品生产和流通的实际要求出发，研究特殊的竞争程序，制定具体的办法，在资格认证的基础上积极引入竞争机制。

此外，杨宝奎还在提案中积极呼吁下大力气发展其所在地航天城的交通。该地区现有居民十万人，流动人口更多，未来有很大的发展空间，但是交通很不方便，限制了这里的快速发展。希望地铁14号线能延长至这里，轻轨线途经此处，要在这里设一个站。北京市委对此很重视，初步决定：14号线向该地区方向延伸6公里。这意味着今后航天人可以绕过拥堵地区，出行更快捷方便。

每天感受着航天城的科技创新和管理高效，目睹着航天城建设的日新月异，促使杨宝奎更加勤奋地工作，更加深刻地思考。让中国航天事业在这快速大发展的春天里获得更多的阳光和雨露，是杨宝奎永远的责任。

多年来由于忘我的工作，杨宝奎的身后留下了一串闪光的足迹：

自1991年以来，由于科研成绩突出，先后荣立部级一等功2次，二等功、三等功各1次。1993年起享受国务院特殊津贴，1996年被评为部级专家，1999年被评为国家级有突出贡献中青年专家。2001年被评为航天科工集团优秀共产党员，2002年被评为航天科工集团劳动模范。2004年获“中国航天基金奖”。2005年荣立国防

科工委特等功、获国防科学技术特等奖。2006 年获国家科技进步一等奖、“全国五一劳动奖章”、中国航天事业 50 年杰出贡献奖。2006 年获“中国航天基金奖特别贡献奖”。2007 年获国家“某工程一期”银质荣誉奖章……

立大事者，不惟有超世之才，亦必有坚忍不拔之志

二月的戈壁滩寒风刺骨，八月的大漠热浪灼人，工作枯燥单调，环境极其恶劣，困难是常人难以想象的。而有时杨宝奎一年要在试验基地生活 300 多天！为了按时完成党和国家交给的任务，他几乎放弃了全部的节假日休息时间，每天早出晚归，奋斗在研制工作的第一线。六十出头的他，已斑白的头发见证了一位总设计师的一片拳拳赤子之心。

深秋时节，杨宝奎在试验基地看到了一群野鸬鹚，兴奋之余当即赋诗一首。乐观豁达、坚忍不拔的他竟然由此看到了戈壁滩沉寂艰苦背后蓬勃的活力和昂扬的欢乐！

因为对事业无尽的热爱，因为对祖国未敢忘却的责任，杨宝奎把自己无悔的青春和毕生的才智全部融入到了航天事业之中：为国铸剑，无悔无怨。为华夏民族的复兴筑起了一道巍峨的钢铁长城！

发表媒体：中国军工网
发表时间：2009 年 8 月 26 日